现代军事作战宝典
系列丛书

# 狙击手
# 作战指南

《深度军事》编委会 编著

清华大学出版社

北 京

## 内 容 简 介

本书是介绍狙击手作战的科普图书，书中不仅详细讲述了狙击手作战的历史、主要任务和作战特点，还深入讲解了狙击手的选拔、训练、作战装备等知识。与此同时，本书还针对狙击手作战的几大主要作战形式——城市狙击作战、山地狙击作战、丛林狙击作战、反狙击作战进行了全面和细致的介绍。另外，对历史上和现代军队中一些王牌狙击手的事迹也有所涉猎。

本书内容翔实，结构严谨，分析讲解透彻，图片精美丰富，适合广大军事爱好者阅读和收藏，也可以作为青少年的科普读物。

**图书在版编目 (CIP) 数据**

狙击手作战指南 / 《深度军事》编委会编著 . —北京：清华大学出版社，2018（2024.1 重印）
（现代军事作战宝典系列丛书）
ISBN 978-7-302-50959-2

Ⅰ . ①狙… Ⅱ . ①深… Ⅲ . ①步兵武器射击—指南 Ⅳ . ① E922-62

中国版本图书馆 CIP 数据核字（2018）第 191101 号

责任编辑：李玉萍
封面设计：郑国强
责任校对：张彦彬
责任印制：丛怀宇

出版发行：清华大学出版社
    网  址：https://www.tup.com.cn，https://www.wqxuetang.com
    地  址：北京清华大学学研大厦 A 座    邮  编：100084
    社 总 机：010-83470000    邮  购：010-62786544
    投稿与读者服务：010-62776969，c-service@tup.tsinghua.edu.cn
    质 量 反 馈：010-62772015，zhiliang@tup.tsinghua.edu.cn
印 装 者：涿州汇美亿浓印刷有限公司
经  销：全国新华书店
开  本：146mm×210mm    印  张：10.5
版  次：2018 年 9 月第 1 版    印  次：2024 年 1 月第 10 次印刷
定  价：49.80 元

产品编号：071012-01

# 前　言

　　在冷兵器时代，弓箭堪称最可怕最致命的武器。后羿射日的传说，就从侧面证明了弓箭在古人心里的威力之大。在我国古代，有不少因善射而闻名于世的名将，如李广、黄忠、吕布、斛律光、慕容翰和薛仁贵等。时至今日，这些名将的经典战绩仍为后人津津乐道。

　　到了热兵器时代，虽然只有特种部队仍在少数情况下使用弓箭，但与弓箭手作用相似的兵种却并没有消失，那就是狙击手。所谓狙击手，指的是善于隐匿行踪，并可在远距离精确射击的军人。在不同的国家，狙击手的编制和战术都有所不同。从大体上来说，狙击手的作用是通过狙杀高价值及高威胁性目标，如敌方狙击手、中高阶军官、多人武器操作手、通信设备操作员等有生目标以及车辆、直升机、武器库、油料库、通信中心等重要装备和设施，来削弱敌人的战斗力，迟滞敌人的行动。

　　在现代战争中，尽管狙击手的杀伤数量并不是所有兵种中最多的，但狙击手所发挥的作用却不容小觑。有资深狙击手表示，衡量一个狙击手的成功不在于他射杀了多少人，而在于他能对敌人造成何种影响。苏芬战争中，身穿白色伪装服、在冰天雪地来去自如的芬兰狙击手，给苏军士兵造成了极大的恐慌。二战中，苏军狙击手也严重打击了德军士气。近年来的局部战争中，狙击手也发挥了极大的心理震慑作用。神出鬼没的狙击手，不仅能直接狙杀敌人，还能让敌人始终处于恐惧状态，扰乱敌人的作战行动。

　　本书是介绍狙击手作战的科普图书，书中不仅详细讲述了狙击手作战的历史、主要任务和作战特点，还深入讲解了狙击手的选拔、训练、作战装备等知识。与此同时，本书还针对狙击手作战的几大主要作战形式——城市狙击作战、山地狙击作战、丛林狙击作战、反狙击作战进行了全面和细致的介绍。另外，对历史上和现代军队中一些王牌狙击手的事迹也有所涉猎。通过阅读本书，读者可以对颇带神秘色彩的狙击手有一个全面了解。

本书紧扣军事专业知识，不仅引领读者熟悉狙击手的磨砺过程，而且可以了解狙击手的作战形式，特别适合作为广大军事爱好者的参考资料和青少年朋友的入门读物。全书共分 7 章，各章内容全面合理并配有丰富而精美的图片。

本书是真正面向军事爱好者的基础图书。全书由资深军事团队编写，力求内容的全面性、趣味性和观赏性。全书内容丰富、结构合理，关于武器的相关参数还参考了制造商官方网站的公开数据以及国外的权威军事文档。

本书由《深度军事》编委会创作，参与本书编写的人员有阳晓瑜、陈利华、高丽秋、龚川、何海涛、贺强、胡姝婷、黄启华、黎安芝、黎琪、黎绍文、卢刚、罗于华等。对于广大资深军事爱好者以及有意了解国防军事知识的青少年，本书不失为最有价值的科普读物。希望读者朋友们能够通过阅读本书循序渐进地提高自己的军事素养。

# 目　录

# 第 1 章

# 狙击手作战概述

狙击手在世界各国军队中是一种接受过相应的专业训练，藏匿于隐蔽地带、使用狙击步枪对特殊目标或者重要人物进行远距离摧毁和击杀的兵种。除了军队狙击手外，警察中也有狙击手这一角色，主要负责在解救人质的行动中监控现场及掌握罪犯动向。

# 1.1 | 狙击手的定义

## 1.1.1 | 狙击手的概念

狙击手（Sniper）是指擅长隐匿行踪，并且能够完成远距离精准射击的枪手，通常是指军人或者警察。狙击手以狙击步枪为主要武器，利用良好的伪装藏身于隐蔽位置，对远距离的特定目标进行射击，往往要求打到要害，一击毙命。

在不同的国家，关于狙击手的军事理论也有所不同。大体上来说，军队狙击手的目的是通过狙杀少数高价值及高威胁目标，如敌方狙击手、中高阶军官、多人武器操作手（如炮手或机枪手）、通信设备操作员等，来降低敌方的战斗力。军队狙击手的典型任务包括掩护、侦察、监视、追踪、狙杀敌军人员以及执行反物资与反器材等任务。

相比之下，警队狙击手主要负责在解救人质的行动中监控现场及掌握罪犯动向。警队狙击手开火是整个解救行动的最后手段，只有在人质的生命受到直接威胁或需掩护攻坚队移动、部署的时候才会开枪。警队狙击手很少将罪犯击伤而使其失去行动与反击能力进而逮捕，其一般做法为将罪犯当场击毙解除威胁。

美国海军陆战队狙击手

隐匿在草丛中的狙击小组

爱尔兰陆军狙击手

澳大利亚新南威尔士警队狙击小组

## 1.1.2 | 军队和警队狙击手的区别

军队狙击手和警队狙击手存在着一些共同之处，比如精通狙击技能、具备很强的在多样性环境下的生存能力以及某些战术。但是，军队狙击手和警队狙击手在擅长的技能、精通的战术、组织和计划的制订等方面都存在着明显差异，尤其是专业技能的应用方面。

两者之间最大的差异是如何使用致命性武器。除非是嫌犯危及人质、警察或其他人员的安全，警队狙击手才会开枪。军队狙击手则不是如此，即便敌军没有威胁，他也要根据任务需求对其进行狙杀。在某种程度上，军队狙击手只需考虑战术形势，如何灵活地作战并取得胜利。警队狙击手每开一枪之前，都会考虑这一枪是否合法。军队里的狙击小组一般是轮替使用狙击步枪和突击步枪，而警队狙击手往往是多人使用一支狙击步枪。

军队狙击手和警队狙击手的另一个重大差异是交战距离。警队狙击手为了能够解救人质和尽量减少伤亡，均希望自己能够尽可能地靠近嫌犯和人质，能够在 100 米的距离内开火则非常有利的。根据美国联邦调查局的统计，警队狙击手的平均狙杀距离为 65 米左右。除非是劫机和嫌犯有精神病，只有在这种情况下，警队狙击手才会进行远距离狙杀。而在普通情况下，警队狙击手要在 200 米外的距离开枪，必须得到上级的特殊批准。相比之下，如果条件允许，军队狙击手应尽可能地在更远的距离上作战，充分发挥狙击步枪的效能。这是因为军队里的狙击小组往往会在敌众我寡的形势下作战，更远的狙杀距离意味着更大的逃生机会。

在执行任务时，警队狙击手的阵地相对固定。而军队狙击手则没有这个便利，他们往往是打一枪换一个阵地，再次进行狙击，再次更换阵地，如此轮换。如果不轮换阵地，即便是在远距离上，也会成为敌方机枪、火箭筒和迫击炮的靶子。

军队狙击手在实施狙击的时候，风速、风向和距离是主要的考虑因素。相比之下，警队狙击手更关注目标和人质的移动情况，贸然开枪极有可能造成惨剧。军队狙击手追求在远距离上一击致命，如果首枪没能命中，他们很有可能因此丧命。而警队狙击手必须反应敏捷，抓住稍纵即逝的战机，顺利解救人质，他们面临的情况在某种程度上甚至比军队狙击手更复杂。

正在监视目标的美国陆军狙击手

在阿富汗作战的美国陆军狙击手

英国海军陆战队狙击手

美国马萨诸塞州阿林顿市特警狙击手在装甲车中监视目标

藏身于矮树丛中的美国陆军狙击手

### 1.1.3 | 狙击手和精确射手的区别

在一些国家的步兵班中，设有精确射手这一角色。由于精确射手与狙击手有一定的相似之处，所以有些人将两者混为一谈。事实上，精准射手和狙击手是有区别的，两者承担的职责并不相同。以美国为例，美军在中东陷入治安战（为维持治安而进行的战争）后，发现狙击手的作用正在不断增长。然而，专业的狙击手需要在狙击手学校经过长期培训，并且平时在兵营里也需要远距离靶场进行练习。仅靠专业的狙击手完全不能满足需求，于是美军在班一级的战斗单位中，安排一名枪法特别好的士兵、使用一支精度较高的专用步枪，让他们执行一些属于狙击手的任务，这些人便是精准射手。

简单来说，精确射手往往存在于步兵班中，而狙击手通常以营为单位部署（美国陆军"游骑兵"特种部队和美国海军陆战队侦察营中的狙击手以连为单位部署）。精准射手没有经过狙击手学校的专业培训，不是专业的狙击手。他们只是射击水平较好的一般士兵，通常使用带有望远瞄准镜的步枪，在比一般交战距离稍远的位置上直接使用精确火力支援班组战术行动。此外，精准射手还要利用瞄准镜为支援火力（机枪、迫击炮等）提供实时信息。与狙击手相比，精准射手具有更短的射击距离，需要更高的射速。由于精准射手并不具备狙击手的隐蔽技能（所以无法发动突然袭击），他们往往被迫向快速移动的目标射击。

美国海军陆战队狙击手进行射击训练

使用 M39 增强型精确射手步枪的美国陆军精确射手

## 1.2 | 狙击手的历史

### 1.2.1 | 军队狙击手的历史

#### 军队狙击手的起源

美国独立战争（1775—1783 年）期间，一位名为夏普的美国义勇军军官发现，使用鹿油包裹子弹可以提高射程与精度。于是，他带领一支枪手队伍进行远距离精确射击，并成功射杀了许多英军高级军官，多次以极小的代价赢得极大胜利。后来人们将冷静沉稳、射击准度高的射手称为夏普射手。

夏普射手的成功，促使其他国家的军队也开始培养类似的"神枪手"。但那个时候，对这种"神枪手"的称呼并不是狙击手。狙击手这一名称直到 18 世纪 30 年代才开始出现。1832 年起，英军在闲暇时刻会举行一种猎鸟比赛，猎杀的这种鸟名为 Snipe。这是一种身材娇小、动作十分灵活的小鸟，要猎获这种鸟并不容易，需要相当不错的射击和潜行技术，因此这种猎鸟活动就被叫作 Snipe。

被称为 Snipe 的小鸟

第一次世界大战（以下简称一战）爆发后，Sniper 成了军事上对精通潜行、精准射击射手的通称，意指从隐蔽工事中射击敌方目标。后来人们常常把经过专门训练、掌握精准射击、伪装和侦察技能的射手称为 Sniper（狙击手）。一战中，德军挑选士兵组成自由行动的狙击手，他们大多是猎人和护林员出身，对东西两线的英法军队和俄军造成了重大杀伤。为此，英军在战争末期专门成立了狙击手学校，以培养反狙击手人才。

## 二战中的狙击手

一战结束后，许多国家（包括德国在内）都忽略了对狙击手的培养，导致第二次世界大战（以下简称二战）开始后，德军多次被苏联红军狙击手所牵制，这使德军意识到狙击手的重要性，这才恢复了对狙击手的培养。虽然德军对狙击手的培养起步较晚，但由于当时德军高层对此极为重视，所以发展得十分迅速。二战中的德军狙击手并不是单独行动，而是以小组形式在连长、排长或班长的指挥下对远距离的重要目标实施精确打击，并为现场指挥官提供及时的战场情况报告。

二战时期的德军狙击手

与德军相比，苏军更早认识到狙击手的战术价值并加以推广。早在 1924 年，苏军就建立了一系列的射击学校，通过开展射击运动，向青少年传授射击技巧。其中的佼佼者被选送到地区乃至全国性的射击学校，最优秀的毕业生被授予"狙击教员"称号。所以二战爆发之际，苏军拥有大量合格的狙击手。在斯大林格勒战役中，神出鬼没的苏军狙击手使德军部队产生了很大的恐惧心理，对打击德军的士气起到了重要作用。值得一提的是，与其他国家的军队不同，苏联对狙击手没有性别限制。1943 年时，苏联军队中有超过 2000 名女性狙击手在役。

二战中，苏军狙击手数量大增的另一个原因是步兵武器和战术的改变。德国的 MP38 和 MP40 冲锋枪大大加强了战场上的步兵近战火力强度，为了与之对抗，苏军立即为步兵大量配备 PPSh 冲锋枪。然而，PPSh 冲锋枪的射程远不及原先的制式步枪，而且射击精度在 100 米外惨不忍睹。步兵冲锋时，机枪和冲锋枪的火力可以压制近距离的敌人，但对于 400～1000 米距离的敌人，就只能依靠狙击手。这是苏军在一线作战部队大量部署狙击手的重要原因。

二战时期的苏联女性狙击手

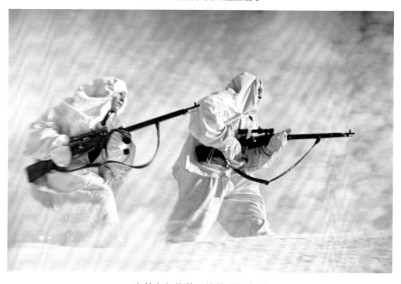

穿着白色伪装服的苏联狙击手

　　在太平洋战场上，由于日军狙击手常常抱着必死之心，潜伏在美军阵线之后伏击最有价值的目标，对美军士气的影响极大。而且在草木茂密的丛林环境中，要发现隐蔽良好的狙击手并不容易。更麻烦的是，日军狙击手的 97 式狙击枪的枪管很长，子弹的装药量却不大，枪口不会产生太多烟气或是炽焰，让侦测子弹发射位置更加困难。不过，日军狙击手通常没有经过良好训练，射击技术良莠不齐。而且他们通常藏身在树上，没有退路，即使狙击成功，自己往往也活不了。美军在太平洋岛屿上的反狙击战术多半是使用密集火力轰击可疑地区，例如以 37 毫米反坦克炮发射特制的霰弹用来清除茂密丛林顶冠的可疑目标就十分有效。

二战时期的加拿大狙击手

### 现代战争中的狙击手

　　二战结束后，美苏争霸促使军事科技迅速发展，包括枪械在内的多种武器都有了质的提升，无论是材质还是可靠性都是二战时期的枪械所无法媲美的。1972 年慕尼黑事件发生后，特种部队受到世界各国的高度重视。与此同时，狙击手也得到了前所未有的发展。

　　现代狙击手的选拔非常严格，需要经过大量的训练，不仅要学会向静止目标射击，而且还必须学会向移动目标射击、徒手格斗、野外求生、诡雷制作安装及拆除等多种技能。训练有素的狙击手加上尖端的狙击步枪，能够让敌方人员在顷刻之间命丧黄泉，对保护友方人员、打乱敌方阵形等方面起着非常重要的作用。

近年来，狙击手配备了可计算重力、气压、风向、风力等因素对子弹轨迹影响的手持式弹道电脑，而狙击步枪和光学瞄准装置也在不断改进，使狙杀距离不断提升。2002 年，加拿大狙击手罗伯•费隆以 2430 米的狙杀成绩，刷新了美国人卡罗斯•海斯卡克在 1967 年创下的 2286 米的世界纪录。2009 年 11 月，英军狙击手克雷格•哈里森在 2475 米距离外接连击毙两名塔利班武装人员，创下了新的长程狙击世界纪录。

在现代战场上，狙击手不仅要执行精确射杀敌军重要目标和远距离精确火力支援等传统任务，还要执行战略侦察、目标指示等任务。而随着狙击武器威力、射程的提升，狙击手的目标也不再局限于敌军人员，他们可以使用口径较大的反器材步枪射击车辆的油箱、水箱、轮胎，直升机的主旋翼与尾桨、光电观测器、机载弹药、各类潜望镜和通信设备等，使敌军丧失战斗力。

一名美国陆军狙击手在阿富汗作战

美国陆军与日本陆上自卫队进行狙击手联合训练

澳大利亚特种空勤团狙击手

巴西陆军狙击手

波兰陆军狙击手

一名丹麦陆军狙击手在阿富汗作战

## 1.2.2 | 警队狙击手的历史

与军队狙击手相比，警队狙击手的诞生时间较晚，其需求始于 1972 年的慕尼黑惨案。1972 年 9 月 5 日清晨，8 名"黑九月"武装人员闯入慕尼黑奥运村以色列选手驻地，当场开枪杀害了以色列摔跤教练莫什·温伯格、运动员约瑟夫·罗曼，另有 9 名代表团成员被当作人质关押。经过多次谈判后，德国政府同意使用两架直升机将"黑九月"武装人员和人质运往菲尔斯滕费尔德布鲁克空军基地，然后转机离境。德国警方计划趁换机之际，营救人质。当时，德国警方在机场布置了 5 名狙击手，3 名布置在信号塔上，1 名躲藏在地面一辆维护车辆后，最后 1 名躲在地面的水管障碍物背后。

然而，狙击行动以失败告终，并导致所有人质死亡。根据事后分析，德国警察营救行动失败的主要原因有：情报不足，未能正确判断武装人员人数，虽然在狙击开始前 30 分钟已确认武装人员为 8 人，但仍未及时做出调整反应；狙击手使用的步枪在深夜进行狙击却没有安装夜视装置；无线电联络设备不足，导致狙击时机无法正确把握；狙击手来自普通警察，没有经过专业训练，个人技术水平不足；狙击步枪非专业设计，存在诸多问题，导致一次狙击失败后，不能快速进行下一次射击。

此次营救行动失败后，世界舆论为之哗然，纷纷指责德国警察无能，抨击德国政府"视人质生命如儿戏"。这次恐怖事件，让德国蒙受了巨大的耻辱，也使德国政府对日益增加的国际恐怖活动产生了危机感。当时由于宪法的限制，德国军队不得将狙击手用于国内事务。因此，德国政府组建了隶属于联邦警察的第九国境守备队（GSG-9），同时开始设计、装备真正专用的狙击步枪。

除了德国外，其他许多国家也开始重视对恐怖事件的处理能力，并纷纷开始组建负责处理类似事件的警察单位，而这些警察单位无一例外都拥有经过专门训练的优秀狙击手。

德国联邦警察第九国境守备队所属的狙击手

菲律宾国家警察所属的狙击手

正在交流狙击技巧的警队狙击手

## 1.3 | 狙击手的主要任务

狙击手的作战任务大致可分为：指定狙杀、随队观察、火力支援、巡逻狩猎、非硬性装备破坏与定点清除等。

指定狙杀，即以一切手段狙杀上级所指定的目标。这种狙杀通常采用的方法是狙击手潜行至目标所在地或预期经过的道路上，以伏击的方式进行狙杀。指定狙杀可以由一人执行，也适用于两人小组：一人观测、一人狙击，或两人同时狙击（如果主射手未能成功狙杀，由副射手补枪）。

当己方小队在执行战斗巡逻任务，遭遇敌人远程火力（迫击炮、重机枪或敌人的狙击手）攻击而又无法呼叫火力支援时，随队的狙击手必须立即进行火力观察并进入有利的射击位置，射杀威胁最大的敌人。同时己方小队利用敌人遭到狙杀、阵形混乱之际转移。这便是随队观察与火力支援。

狙杀"有价值"的敌方目标（如指挥官、敌方狙击手和多人武器操作手等）是狙击手的首要任务之一。但在混乱的战场中，加上敌方核心人员有保护措施，所以想要迅速找到目标并成功狙杀是非常困难的事。因此，狙击手在指定区域内进行自由狙杀便成为有效的作战模式，而且往往会收到奇效。这便是巡逻狩猎，或称为自由狙杀。

狙击手的任务不局限于狙杀敌方人员，破坏敌方重要装备和设施也是狙击手的重要任务，特别是对机械化部队而言更是如此。狙击手进行装备破坏活动时，往往会顺便消灭操作装备的人员。例如，要阻止敌方整队车辆的行进，狙击手可以先狙杀最后面的车长或驾驶员，再从后往前——狙杀。一般情况下，车内其他人员意识到车长被杀，其反应至少需要 40 ～ 50 秒时间。这段时间对于训练有素、枪法如神的狙击手来说，足够快、准、狠地射出让敌方致命的子弹。

埋伏在丛林中的狙击手

以土墙为掩体的狙击手

作战中的美国陆军狙击小组

在山顶监视目标的美国陆军狙击小组

## 1.4 狙击手的作战特点

### 作战编制较小，行动独立性强

　　狙击手的作战编制较小，可单人行动，也可由2～6人组成狙击小组。在多人编成的狙击小组中，通常配有一名狙击手、一名自动步枪手、一名轻机枪手和一名榴弹发射器手等。更多的时候，狙击小组只有两个人。例如，美军和英军的狙击手编制原则上是三人狙击小组：一人为观测手，一人为狙击手，第三人作为狙击手击杀记录的见证人兼狙击阵地警戒人员。只是由于地形和人力资源的限制，常改为两人小组。此时，观测手兼具了见证人和阵地警戒的职责。

　　为了保证射击效果，狙击手距离目标不能太远，而避免暴露己方阵地，还应避开主阵地，游猎时更应远离本队。因此，狙击手具备较强的行动独立性。另外，狙击手在狙击阵地、目标、时机、路线等的选择上，也拥有较大的自主权。

训练中的美国陆军两人狙击小组

## 作战环境艰险，对人员素质要求高

狙击手的作战环境复杂多变，丛林、山地、沙漠、沼泽和雪地等环境都需要适应。作战时，狙击手要靠近敌人、远离己方主力部队、相互分散，还要防备敌方的反狙击。长时间的潜伏，炎热疲惫、蚊虫叮咬、饥饿口渴在所难免，更难熬的是身体必须保持不动，眼睛片刻不离瞄准镜，时刻保持高度警惕，静待目标。

正是由于作战环境艰险，所以狙击手必须拥有出色的体能和心理素质以及优秀的狙击作战能力。狙击手的训练不仅包括基本的武器操作使用、各种静 / 动态射击训练，还包括野外观察与行迹追踪、野外求生、地图判读、情报收集与分析、野外阵地构筑与伪装、进入与撤离路线安排、诡雷布设与反爆拆除、狙击计划的拟订与通信协定等。

在雪地中耐心潜伏的狙击手

## 作战手段独特，作战效费比高

由于轻武器具有快速射击的特性，因此其在现代战斗中往往是对敌人进行压制而不是射杀。使用机枪、冲锋枪等武器，杀死一名士兵需要大量的子弹，而战场上神出鬼没的狙击手几乎可以做到一枪一命，弹无虚发。

狙击手不仅可射杀敌方的重要人员，而且还可以起到普通步兵无法达到的其他战术作用。例如，装备大口径狙击步枪的狙击手可通过对坦克油箱、潜望镜和通信设备的射击使坦克丧失战斗力，也可通过击毁敌方关键的军用设备（如天线、发电机等）来迟滞敌方基地的作战行动，还可攻击类似弹药库、油料库、指挥部等薄弱的高价值战术目标。

美国陆军狙击手在测试 M82 大口径狙击步枪

## 作战效果显著，身心杀伤兼具

有资深狙击手表示，衡量一个狙击手的成功之处不在于他射杀了多少人，而在于他能对敌人造成何种影响。在苏芬战争中，熟悉山林环境、身穿白色伪装服、脚踏滑雪板在荒郊野外来去自如的芬兰狙击手，给苏军士兵造成了极大的恐慌。二战中，苏军狙击手也严重打击了德军的士气。

在近年来的局部战争中，狙击手也发挥了极大的心理震慑作用，比如在城市争夺战中，狙击手的作用就非常明显，几名狙击手甚至可以阻止一支部队的前进步伐，为后续的兵力部署提供足够的时间。神出鬼没的狙击手，不仅能直接狙杀敌人，还能让敌人始终处于恐惧状态，扰乱敌人的作战行动。

训练中的德国国防军狙击手

在灌木丛中伺机待发的狙击手

## 1.5 世界著名狙击手

### 1.5.1 世界大战中的著名狙击手

**弗朗西斯·皮克汉格顿**

弗朗西斯·皮克汉格顿（Francis Pegahmagabow）出生于加拿大安大略省帕里桑德，1914 年参军入伍，参加了一战。他在索瑞尔山之战、帕斯尚尔战役和思卡尔普战役（均在加拿大境外）中，先后射杀了 378 名德军官兵。一战结束后，弗朗西斯·皮克汉格顿从部队退役。

弗朗西斯·皮克汉格顿还因为穿越敌军重重火线送达关键性救援命令而被嘉奖，当时他的指挥官已经身负重伤。此外，他还在自己的部队弹药快用完时穿越敌军火线运送了很多弹药。尽管弗朗西斯·皮克汉格顿在欧洲被认为是英雄，但当他回到加拿大之后却几乎被人遗忘。历史学家提姆·库克甚至提出，弗朗西斯·皮克汉格顿和其他加拿大人在祖国之外奋勇杀敌的原因在于"他们觉得他们的牺牲可能会换来他们以后在社会中更多的权利"。

弗朗西斯·皮克汉格顿在渥太华参加会议（1945 年）

弗朗西斯·皮克汉格顿的塑像

## 西蒙·海耶

1905 年，西蒙·海耶（Simo Hayha）出生在芬兰一个偏远、贫苦的小村庄。在这个村庄里有很多枪法如神的猎人，他们靠打猎为生。少年时代，西蒙·海耶因受到这些猎人的影响，对射击产生了很大的兴趣，并流露出这方面的天赋。西蒙·海耶在父亲和其他猎人的训练下，练就了一套独特、精准的射击技术。

1925 年，西蒙·海耶被征召入伍，由于其精准的枪法备受军官重视。1939 年，苏芬战争爆发。西蒙·海耶带领他的狙击小组，身着白色伪装服，穿梭于大雪封山的荒郊野外，隐蔽在丛林深处，不断射杀进行中的苏军士兵，给他们造成了极大的威胁。由于西蒙·海耶枪法精准，加上对山林的地理环境非常熟悉，在短短数月时间里，他狙杀了 542 名苏军士兵，而他使用的狙击武器是老旧的莫辛 - 纳甘步枪。西蒙·海耶手中能够使用这种步枪射杀 700 米外的苏军士兵。即使趴在雪地上，苏军士兵也逃不过西蒙·海耶迅速而准确的射击。除此之外，西蒙·海耶使用轻机枪也射杀了近 200 名苏军士兵，因此将他的杀敌数提升到近 742 人。平均一天杀敌超过 7 人，这是他在 100 天内所创造出来的惊人纪录。

为了除掉西蒙·海耶，苏军尝试过多种方法。最初，苏军派了一支小部队希望找到并杀死西蒙·海耶，不过该小部队都成了他枪下的亡魂。然后，苏军又组织了一队反狙击枪手，结果又被西蒙·海耶全部干掉。最后，苏军干脆地毯式轰炸所有西蒙·海耶可能出现的地方，但这种方法也没能奏效。直到 1940 年，苏军一名运气非常好的反狙击枪手射中了西蒙·海耶，子弹向上贯穿了他的左脑，人人都认为西蒙·海耶必死无疑，但数月之后他奇迹般地"复活"了。由于西蒙·海耶在苏芬战争中的突出贡献，他被芬兰人民尊称为"民族英雄"。

青年时期的西蒙·海耶

左脑受伤后的西蒙·海耶

## 瓦希里·扎伊采夫

瓦希里·扎伊采夫（Vasily Zaitsev）是二战时期苏联著名的狙击手，他在 1942 年斯大林格勒战役中，于 11 月 10 日至 12 月 17 日共击杀了 225 名轴心国的士兵与军官（包括 11 名狙击手），因此一战成名。

瓦希里·扎伊采夫出生于耶勒宁斯科耶（又称为亚列宁斯科亚），在乌拉山脚下长大。在前往斯大林格勒前，瓦希里·扎伊采夫服役于苏联海军，担任岸勤人员。一次偶然的机会他从报章杂志得知斯大林格勒战役非常惨烈，于是他自愿申请加入这一场有史以来最残酷的会战。瓦希里·扎伊采夫被分派到苏联陆军第 62 军第 284 步兵师第 1047 团。在某次区域战役中，他用普通莫辛 - 纳甘步枪一枪击杀了 800 米外的一名德军重要指挥官，因此他获得了英勇勋章和一支莫辛 - 纳甘狙击型步枪。瓦希里·扎伊采夫弹无虚发的射击绝活引起了团长梅捷廖夫中校的注意，他亲自授予瓦希里·扎伊采夫一支带瞄准镜的狙击步枪，并要他挑选 10 余名战士组成狙击小组，专门负责射杀零星出没的德军。

　　瓦希里·扎伊采夫服役至 1943 年，因为眼睛被地雷炸伤而退出战场。身体恢复后，瓦希里·扎伊采夫重返战场，并参加了德涅斯特河战役。二战期间，瓦希里·扎伊采夫共击毙德军 242 名。战后，他被提升为陆军少将。事实上，瓦希里·扎伊采夫的狙杀人数在苏军狙击手中并不突出，他之所以获得这么高的声誉，是因为他战胜了德军王牌狙击手——艾文·科尼希（Erwin Koenig）。

手持狙击步枪的瓦希里·扎伊采夫

身穿礼服的瓦希里·扎伊采夫

瓦希里·扎伊采夫（左一）与队友在雪地中作战

## 柳德米拉·帕夫里琴科

柳德米拉·帕夫里琴科（Lyudmila Pavlichenko）是二战期间苏联的女性狙击手之一，她在战争期间击毙了 309 名敌人。

1916 年 7 月 12 日，柳德米拉出生在乌克兰白采尔科维的一个小村庄。在孩童时代，柳德米拉是一名学习勤奋、成绩优良的好学生，深受家长和老师的喜爱。上初中后，柳德米拉搬家到了基辅，在这里她常参加一家射击俱乐部的活动，并很快成为一名神枪手。1941 年，将近 25 岁的柳德米拉在基辅大学研读历史。同年 6 月 22 日，德国对苏联发动突然袭击。得知此消息后，柳德米拉报名参军，获选为步兵队成员，加入苏联红军第 25 步兵师，成为苏军 2000 名女性狙击手中的一员。

1941 年 8 月，苏军第 25 步兵师奉命保卫在巴亚耶夫卡附近的高地。在附近的一个村落，柳德米拉取得最初的战果，她使用一支莫辛 - 纳甘步枪击毙了两名敌军。此后，柳德米拉随军在敖德萨作战，其间狙杀了 187 名德军士兵。1942 年 5 月，柳德米拉狙杀 257 名德军士兵的战绩引起苏军的注意，并得到广泛宣传。次月，柳德米拉被迫击炮击伤，随后退出前线部队。最终，柳德米拉在二战中的毙敌人数为 309 名，其中包括 36 名敌军狙击手。

退出前线之后，柳德米拉帮助苏军培养和训练狙击手，直至战争结束。二战结束后，柳德米拉完成了在基辅大学的学习，成为一名历史学者。1945—1953 年，她在苏联海军总部担任助理。1974 年 10 月 10 日，帕夫里琴科在莫斯科病逝，享年 58 岁，埋葬在莫斯科新圣女公墓。

身穿礼服的柳德米拉·帕夫里琴科

柳德米拉·帕夫里琴科宣传照

### 伊万西德·萨连科

1919 年，伊万西德·萨连科（Ivan Sidorenko）出生于一个农民家庭，初中毕业后就读于彭扎艺术学院。1939 年二战爆发，伊万西德·萨连科从大学辍学，加入苏联红军，随后在辛菲罗波尔军区步兵学校接受培训。

在战场上，伊万西德·萨连科和其他苏联狙击手一样，所使用的狙击武器为莫辛 - 纳甘步枪。其 500 人的狙杀纪录，从数量来说，称他为苏联第一狙击手也不为过。不过，伊万西德·萨连科的成就不只体现在狙杀人数上，在不执行任务的时间里，他常常集合狙击小组的成员，将自己的狙击心得和枪法技能传授给他们。此举为苏联培养了大批的优秀狙击手。

二战中期，伊万西德·萨连科成为苏军步兵总部司令助理。虽然此时他主要的工作是指挥前线战斗，但他仍然向狙击小组的队员提供一些技术上的指导。伊万西德·萨连科先教他们战术理论，然后慢慢带着他们与他一起完成作战任务。不幸的是，1944 年伊万西德·萨连科受了重伤，随后住院养伤，直至战争结束。

身穿礼服的伊万西德·萨连科

在雪地中作战的伊万西德·萨连科

# 1.5.2 | 冷战至今的著名狙击手

## 罗伯·费隆

罗伯·费隆（Rob furlong）出生于加拿大纽芬兰罗德岛佛格岛，他作为加拿大陆军"帕特里西娅公主步兵团"第 3 轻型步兵营五人狙击小组的普通士兵（下士）参加阿富汗战争，并创下了最远距离狙击纪录。

2002 年，罗伯·费隆在阿富汗参加"巨蟒行动"时，发现 3 名基地组织恐怖分子正在行进，罗伯·费隆使用他的麦克米兰 TAC-50 狙击步枪，在很远的距离准确击中目标。他一共开了三枪，第一发子弹没能命中，第二发子弹击中了一名恐怖分子的背包，第三发子弹将这名恐怖分子击毙。事后测量，罗伯·费隆的射击距离为 2430 米，创下了远程狙击的世界纪录。这段距离，他的子弹需飞行 4 秒后才能击中目标。在狙击手队伍中，击杀目标后，保持低调是惯例，但是这件破纪录的事却在美军中传开了（之前的纪录由美军狙击手卡洛斯·海斯卡克保持）。由于"巨蟒行动"中包括罗伯·费隆在内的五位当时参加任务的加拿大狙击手的出色表现，他们都获得了美国军方颁发的铜星勋章。

> 🔊 **TIPS:**
>
> 铜星勋章是美国等级较高的荣誉勋章，授予凡在 1941 年 12 月 6 日以后以任何身份于美国陆军服役期间，在抗击武装之敌的军事行动中（不含飞行作战），或者在美国为非参战国时参加与敌对武装力量的作战中表现异常英勇、功绩卓著或服役优异的人员。

不过，创下纪录后不久，罗伯·费隆所在小队的人员被加拿大军方指控在阿富汗行动期间不适当使用武力，他也被调查了。罗伯·费隆和其他战友不断接受军事法庭询问。后来指控被撤销，罗伯·费隆和其他几个战友一起申请退伍。之后，罗伯·费隆成为加拿大艾伯塔省埃德蒙顿的一名警察。

罗伯·费隆接受采访

身穿迷彩服的罗伯·费隆

## 克雷格·哈里森

　　克雷格·哈里森（Craig Harrison）出生于英格兰西南部的格洛斯特郡，是英国皇家骑兵队的一名下士。2009 年 11 月，他在阿富汗南部的一场遭遇战中，使用一支 L115A3 狙击步枪，在 2475 米之外击杀了两名塔利班武装分子，解救了一名深陷重围的英军指挥官。克雷格回国后，在军方安排下接受了媒体采访，一时间成了家喻户晓的名人。

　　然而，对于一个狙击手来说，名气带来的却是厄运。就在接受采访的几天后，警方找到克雷格·哈里森，告诉他由于他和家人的信息已经泄露，塔利班武装分子随时可能找他们复仇。原来美好的生活一去不复返，克雷格·哈里森被迫转移到另外一个军区，可是他已经变成了惊弓之鸟。无奈之下，英国军方给了克雷格·哈里森 10 万英镑补偿金，让他离开部队。为了躲避追杀，克雷格·哈里森的妻子辞去理发师的工作，女儿被迫退学，一家人隐姓埋名离开故土。

身穿迷彩服的克雷格·哈里森

## 卡罗斯·海斯卡克

卡罗斯·海斯卡克（Carlos Hathcock）是美国海军陆战队的枪炮军士、狙击手，服役期间共狙杀 300 人。1967 年，卡罗斯·海斯卡克以特制的勃朗宁 M2 重机枪加装"尤那托"瞄准镜狙杀了一个 2286 米距离的目标，创下 20 世纪最远距离狙杀目标的纪录。

卡罗斯·海斯卡克出生于美国阿肯色州盖尔泉，父母离异后他跟着祖母一起生活。年幼时为了贴补家计，卡罗斯·海斯卡克经常狩猎。1959 年，17 岁的卡罗斯·海斯卡克参军入伍。在接受射击训练时，卡罗斯的天赋得以展现。在军队举行的射击比赛中，卡罗斯·海斯卡克经常获奖。

在战场上，卡罗斯·海斯卡克高超的狙击技术使他成为军中首屈一指的狙击手。他生平最漂亮的一次狙杀就是准确打穿敌人的瞄准镜，然后子弹继续向前飞，再钻进敌人的眼窝让敌人爆头而亡。由于卡罗斯·海斯卡克的丛林帽束带上总是夹着一根白羽毛，因此他被称为"白羽毛狙击手"。

在一次战斗中，卡罗斯·海斯卡克所搭乘的两栖坦克碰上了反坦克地雷，在爆炸后坦克很快就陷入火海。卡罗斯·海斯卡克全身 90% 的皮肤被灼伤，其中有 43% 是三度灼伤。之后，卡罗斯·海斯卡克被送回美国得克萨斯州的布鲁克陆军医疗中心，在接受了 13 次植皮手术后才捡回一条命。卡罗斯·海斯卡克退役后，创办了一所狙击手学校。1999 年 2 月，卡罗斯·海斯卡克因病去世。

手持狙击步枪的卡罗斯·海斯卡克

## 克里斯·凯尔

克里斯·凯尔（Chris Kyle）效力于美国海军"海豹"突击队，服役期间，他曾被射中两次，但都挺了过来，被队友誉为"不死的神枪手"。

克里斯·凯尔生于美国德克萨斯州敖德萨，他的父亲是一名教师和教会执事。克里斯·凯尔从小喜欢打猎，经常拿着父亲的步枪和猎枪去猎杀鹿或野鸡。被征召入伍后，克里斯·凯尔与生俱来的射击天赋，加上军队的专业狙击训练，使他成为当时"海豹"突击队最优秀的狙击手之一。

在"海豹"突击队服役时，克里斯·凯尔被派驻伊拉克长达 10 年。在费卢杰的一次战斗中，"海豹"突击队面对上千名的武装分子，陷入艰苦的巷战。此次战役中，仅克里斯·凯尔一个人就狙杀了 40 名敌人。2008 年，克里斯·凯尔在萨德尔城外执行任务，他看到约 1920 米外一个武装分子正扛着火箭筒靠近一支美军车队，他立刻扣下扳机，准确狙杀了这名武装分子。

2009 年，克里斯·凯尔退役，退役军衔为海军上士。随后，克里斯成立了一家企业，专门提供军事及执法型狙击手的训练。2012 年，克里斯·凯尔出版自传《美国狙击手》。该书一出，便很快登上了《纽约时报》畅销书排行榜。2013 年 2 月 2 日，克里斯·凯尔在德克萨斯州遭谋杀身亡。

手持狙击步枪的克里斯·凯尔

# 第 2 章

# 狙击手的选拔和训练

狙击手的选拔标准极为严格，参选者必须在性格、体能、心理素质、视力、射击技术、学习能力等多个方面达到规定要求。而狙击手训练的辛苦程度也是常人难以想象的，不但在学习阶段要完成繁重的训练课程内容，而且在毕业成为一名真正的狙击手后，仍需要在训练和实战中不断提高。

## 2.1 | 狙击手的选拔

### 2.1.1 | 狙击手的必备素质

成为一名专业狙击手的难度不亚于成为一名英国陆军特别空勤团或美国海军"海豹"突击队员等精锐特种部队的队员，在某些方面甚至有过之而无不及。尽管不同国家和不同部队对狙击手的选拔标准都不相同，但基本要求却是一致的。参选者要想成为一名真正的狙击手，必须具备以下几点。

#### ☞ 优秀的射击天赋

狙击手主要在远距离精准射杀敌人，所以优秀的射击天赋是最基本也是最重要的要求。一般来说，参选者必须是一名一等射手或特等射手，并多次在部队射击比赛中获得优秀成绩。在美国，新兵在学校训练时都会有射击考核，并颁发勋章，这为其参加狙击手选拔训练提供了条件。此外，参选者还必须能熟练使用各种型号的狙击步枪，并了解狙击对象的一些基本概况，以选择适合的枪型和弹药。

#### ☞ 良好的身体状况

狙击手必须拥有强健的体魄，因为他们在执行任务时经常缺乏基本的睡眠、食物和水，很少获得己方部队的支援。任务期间，狙击手往往要背负数十公斤的给养和武器装备长途跋涉到达任务区，在抵达任务区后，还要自行挖掘并建立狙击阵地，这是对狙击手体力的严峻考验。只有通过高强度的体能训练，才能培养出充沛的精力以及敏捷的身手，因此参选者必须拥有良好的身体状况。

#### ☞ 优于常人的视力

良好的视力是狙击手必备的基本条件，有利于狙击手对目标的识别与观察。因此，狙击手的视力或矫正视力必须达到 2.0。虽然一些国家并不禁止近视眼参加狙击手选拔，但戴眼镜始终有一定的负担，如果眼睛丢失或损坏，必然会影响作战任务。因此，狙击手在执行任务时，都会携带备用眼镜。此外，患有色盲症也被认为是狙击手的不利因素，因为不能将融入自然背景中隐藏的目标识别出来。

## 成熟稳重的性格

狙击手必须是一名成熟稳重的士兵，性情急躁是狙击手的大忌，缺乏耐心和容易发怒很容易使狙击手做出不理智的事情，威胁自身乃至整个狙击小组的安全，甚至导致整个任务失败。另外，对生命和杀戮的态度，也是不得不考虑的一点。

## 过硬的心理素质

过硬的心理素质也是狙击手必须具备的，因为射击的精确性是靠心理素质来保障的。在执行任务的过程中，生理与心理状况的自我调适，也是狙击手培养过程中不可或缺的一环。狙击手漫长的等待过程，并不如表面看上去那么平静与悠闲。他需要独立地完成野外观察与追踪、地图判读、情报搜集与分析、进入与撤退路线安排、作战计划拟订等准备工作。更重要的是，狙击手无法确知敌情会在何时出现，因此等待过程中的每分每秒都要绷紧神经。而当敌情出现时，狙击手必须瞬间作出反应，迅速击毙敌人。这种漫长与短暂、孤寂与激烈的强烈反差，已不是单纯生理与技术的充分准备就能够胜任。这要求狙击手的心理素质必须超乎常人。

## 高超的观察能力

侦察是狙击手的主要职责之一，狙击手必须善于洞察事物的细微之处，准确地记录下来或是牢记在脑海里。例如，一些国家的军队在选拔狙击手时会向参选者展示多张现场照片，每张照片只允许参选者观看 20 秒，然后让参选者描述照片中地点、人物衣着、武器装备等细节。

## 出色的学习能力

狙击手要顺利完成作战任务，就必须学习并掌握各种各样的技能。与普通士兵相比，为了应对狙击手训练课程中诸如弹道学、光学、侦察定位等理论性较强的训练内容，参选者必须拥有较高的学历。从另一个角度来讲，高学历也可以证明参选者是否拥有一定的理论性学习能力和对知识的渴望。

### 没有不良的嗜好

狙击手不应有吸烟的嗜好，吸烟者习惯性的咳嗽会暴露狙击手的位置，烟草在燃烧时的烟雾和吸烟后的烟味同样会暴露狙击手的位置。即使一个狙击手在执行任务的过程中不吸烟，一旦烟瘾犯了，会导致狙击手紧张和烦躁，从而影响作战任务的完成。除了吸烟外，酗酒、吸食大麻等行为也是不被允许的。

正在进行射击训练的美国陆军狙击手

在烂泥地里行走的狙击手

静静潜伏在松林地中的狙击手

冒险在战斗中抽烟的格鲁吉亚狙击手

## 2.1.2 | 狙击手的选拔程序

由于作战需求和作战理念的不同，各国军队或警察在选拔和训练狙击手时所采用的方法也不同。即便是同一部队，随着作战形势和战术水平的变化，选拔和训练狙击手的方式也会发生变化，实在难以尽述。此处仅以美国和俄罗斯等军事强国的狙击手选拔程序进行简要说明。

观察美军的编制和武器装备可以发现，在单兵枪械所涉及的最大射程范围内，每个弹药级别上，从营到班每级单位编制上，都拥有对应的不同定位的精确射击武器和执行精确射击任务的射手。对步兵精确射击能力的高度强调和细腻的专业分工，是美国现代狙击手培训体系的核心特征之一。

以美国海军陆战队为例，他们是美国军队中最强调步兵远距离射击传统，也是射击水平最优秀的军队，至今仍然保留严格的500码（460米）射击考核标准，而且这个标准针对所有陆战队员，每个陆战队员都是步枪手。而在这些步枪手中，射击技能出众的人可以成为步兵班/排中的班组精确射手，而这些班组精确射手只有通过最残酷的选拔考核和训练，他们才会成为真正的狙击手。

美国海军陆战队建立了现代专业狙击手体制，其选拔训练过程空前的激烈残酷。一个营800多名经过500码射击考核测试的士兵里，每年只能挑选出50名志愿者参加名为"教导课程"的测试（为期2周），以获取进入设立在匡蒂科等营区的数所专业狙击手学校的入学资格，最终的成功者仅有12人左右。而这些志愿者都是各班/排的班组精确射手。

在获取入学资格以后，这些准狙击手即成为营部直属的狙击侦察排的一员，以一种类似新兵的身份接受排内老资格专业狙击手们全面性的训练并等待正式入学。海军陆战队狙击手学校的课程以强度高、数量多而著称，内容除了狙击之外还包括搜索、侦察、监视、引导支援火力等。合格的专业狙击手能够以2人一组的形式独立完成这些营部派遣的任务。这些高级训练课程长达10~12周，因此狙击手学校一年只有4次开学的机会。

正在进行体能训练的美国海军陆战队狙击手

美国海军陆战队狙击手进行伪装训练

此外，由于高度强调教学水平，学员的数量被控制得非常严格，一个专业狙击手训练班有 5 ～ 6 名教官，而学员只有 15 ～ 20 名。这些限制使狙击手学校每次开学的时候，一个营往往只能有大约 3 人入学。大部分准狙击手们等待入学的时间往往会长达数月，而一些人甚至等待了整整 18 个月。在狙击手学校中被退训的后果非常严重，这种严重损害受训者及其原单位形象的严厉处理方式一旦实施，基本上就会使受训者无法再在军队中立足，只能提前结束自己的职业军人生涯。

由于选拔过程苛刻残酷、淘汰率极高，能够留下来的受训者无一不是精英中的精英。美国海军陆战队狙击手的服役年限较长（否则无法接受漫长的选拔和培训过程），这些专业狙击手每个人的培训成本都非常高昂，假如军队不向他们配发与其技能水平相对应的高精度武器弹药，便完全破坏了此前高额训练投资的意义。这也是美军狙击手装备精良的关键内在需求之一。

美国海军陆战队狙击手使用 M24 狙击步枪进行射击

在这一方面，苏联时代的狙击手培训体系和美军不同。二战结束以后，苏联的狙击手培训体系一度领先于世界，但长期的故步自封，使其在 20 世纪 70 年代之后被美国反超，并且距离越拉越远。苏联在师一级有常设的、成建制的狙击手学校，常年负责对各个步兵排选拔出的预备人员进行培训，但是培训的课时、科目，其广泛和技术深度不及美国的狙击手培训体系。在狙击手的培训和使用上，苏联没有分级制度，不存在狙击手和班组精确射手的分别。苏联狙击手被分配在步兵班中，直接受班长或者排长指挥。

　　总体来说，苏联的狙击手介于美军的班组精确射手和狙击手之间——运用上基本同班组精确射手相同，培训上接近职业狙击手。苏联解体后，俄罗斯的狙击手培训体系大幅度向西方体系靠拢后，才重新拉近了和世界先进水平的差距。

训练中的俄罗斯陆军狙击小组

## 2.2 | 体能训练

### 2.2.1 | 狙击手的体能需求

☛ 负重能力

　　随着军事科技水平的提升，如今士兵使用的武器装备越来越先进，种类也越来越多。但单兵的负重却并没有减少，反而越来越重。根据美军的研究报告，美国陆军在 1990 年的标准战斗负重不超过 21.7 千克，且行军重量低于 32.6 千克，到了 2016 年，美国陆军士兵的平均负重为 53.9 千克，而美国海军陆战队士兵的平均负重也达到 53 千克。普通士兵尚且如此，肩负重要使命的狙击手更不必说。狙击手需要一系列的特殊装备去完成自己的作战任务，其中很多装备是普通士兵所没有的。另一方面，狙击手经常要在各种恶劣环境中作战，徒步行军的时间要多于普通士兵，这对负重能力要求极高。

徒步行军的美国陆军狙击小组

## 抗疲劳能力

研究表明，人体超过 70% 以上的外界信息是由视觉系统接受、处理和感知的。狙击手为完成狙击任务，往往需要长时间潜伏，并面临食物少、饮水少、睡眠少的严峻问题，身体极易疲劳。另外，狙击手需要仔细观察和搜索目标，注意力高度集中，心理压力大，人体生物规律被扰乱，将导致脑力活动衰退，重者将导致心理、生理和视听功能障碍。这种障碍主要表现为发生运动能力降低、反应迟钝、心理警戒唤醒水平下降、注意力不能集中、洞察力减弱或丧失、定向产生障碍、暂时记忆受损等现象，严重影响狙击手的作战能力。有资料表明，连续 24 小时不睡觉，大脑工作能力和战斗效率将下降 25%，

48～72 小时不睡觉，将使士兵失去战斗力。因此，狙击手必须具有极强的抗疲劳能力。

严密监视目标的美国陆军两人狙击小组

☞ **越障能力**

越障能力是指狙击手在野外超越障碍的能力，主要是指超越丛林、烂泥潭、草地、乱石滩、积雪地、沙砾以及武装泅渡等。一名合格的狙击手在具备穿越丛林、烂泥潭和定向越野等能力的同时，还要善于在草地、乱石滩、积雪地、沙砾等地进行伪装、隐蔽。

在沼泽地中潜行的狙击手

## ☞ 攀登能力

在城市作战过程中，由于防御方往往分散配置兵力在各条街巷、每座楼房、各个不同楼层，并利用地下管网体系袭击进攻一方，这就使进攻一方的士兵一直处于高度紧张的心理状态。为消灭对手，进攻一方就要对每个街区、每条街道、每座楼房、每个楼层、每个房间，逐一搜索，隐蔽射杀。因此，城市巷战要求狙击手必须有敏捷的身手，极快的反应能力，而且要善于思考，有随机应变的能力，特别要有高超的沿墙、门窗的攀登能力。狙击手为了寻找有效狙击点，特别是在城市狙击作战中，有效的攀登能力将大大提高任务完成的质量和效率。

正在进行攀登训练的美国海军陆战队狙击手

## 2.2.2 | 体能训练的方法

### ☞ 基础性训练

与其他军人一样，狙击手的基础性体能训练主要包括力量训练、耐力训练、速度训练、灵敏训练和柔韧训练等方面。

负重能力是现代战争中军人必须具备的体能素质，对于武器装备比普通士兵更多更重的狙击手来说，力量的训练显得更加重要。各国军队进行力量训练的方法大同小异，包括单双杠、推举哑铃、仰卧起坐、背沙袋跑、5 千米武装越野等训练，也可进行有意识的部位力量训练。

　　狙击手完成任务的持续时间长，如果不能保持充沛的体力，没有一定的耐力和速度，是无法顺利完成任务的。训练耐力的方法包括 5 ～ 8 千米长跑、5 千米武装越野变速跑、骑自行车等，训练速度的方法包括 10 米往返跑、快速跳绳、活动性游戏和球类运动等辅助性体能训练项目。

　　灵敏素质是狙击手的技能和素质在运动过程中的综合表现，可通过球类运动、活动性游戏、应用射击和 10 米往返跑等训练灵敏素质，增强神经肌肉的灵活性。柔韧素质是指运动时关节活动幅度和范围，可采用立位体前屈和腰部扭转等大幅度运动来训练柔韧性。

美军狙击手通过单杠进行力量训练

正在武装越野的美国陆军狙击手

正在记录狙击手武装越野成绩的美国陆军士官

正在武装越野的美国海军陆战队狙击手

## 专业性训练

专业性训练主要是针对狙击手的作战特点进行的专项训练，包括静态用力训练、呼吸训练、稳定性训练、食指力量分配训练、观察力和注意力训练、抗干扰能力训练等。

## 静态用力训练

人体用力方式大致可以分为静态用力和动态用力两种。动态用力是指肌肉在等张状态下产生的力，这种用力要求肌肉的张力不变，但长度可以发生变化。一般运动过程中，动态用力的情况比较多。静态用力是指肌肉在等长收缩状态产生的力，即用力过程中肌肉长度不变，但是力的大小可能发生变化。

狙击手在狙击射杀阶段用力方式多是静态用力。与动态用力相比，静态用力时肌肉处于持续收缩状态，肌肉的血管受到压迫。因此，静态用力肌肉很容易疲劳，工作不能持久，用力结束后需要的恢复时间相对较长，容易引起肌肉骨骼损伤。

静态用力训练是指在关节和四肢不动的前提下，通过收紧相关肌肉使肢体固定在某个位置上，保持最大的紧张度数秒钟或数分钟。静力耐力主要通过专项技术训练中的据枪练习来发展。常见有据枪时在枪前端悬挂一定的重物练习，每天 2 ~ 3 次，每次不超过 20 分钟。每周可安排 2 ~ 3 次且至少安排 4 ~ 6 周或更长时间的训练。总之，应遵循循序渐进、逐步加大负荷的原则，与稳定性训练相结合，通过训练课程的总时间、据枪次数、负荷强度来体现，以不损伤肌肉为宜。

进行静态用力训练的美国陆军狙击手

### 🔫 呼吸训练

人在呼吸时，其胸部会产生循环性的扩张和收缩运动，而这种运动又会在射击时传递给手中的武器，从而导致武器产生上下起伏的运动。因此狙击手必须通过控制呼吸的训练，在发射枪弹时人为地保持一个短时间的呼吸平静期，以保持狙击步枪的稳定，此时击发将会有效地提高射击精度。难点在于如何把握这个屏气过程，如果狙击手停止呼吸时间过长，将会导致人体缺氧，从而影响射手的视力而使枪产生一定的晃动。一般情况下，当狙击手屏气盯住远处的目标时，8秒钟就会产生视线模糊的景象。因此，狙击手必须经过专门的屏息练习。常用的方法是深吸气一两次，使体内的氧气量急剧增加，平和地呼出气体，然后屏息15～20秒，反复数次。另外，还可用6步、12步换气法进行练习。在屏息时，要注意不应有任何窒息的感觉，一旦练习结束，即可以转入正常呼吸。

在实际作战过程中，狙击手很难有足够的时间进行呼吸调整，有时不得不在没有全部呼出气息之前进行击发。因此，还要训练狙击手在各种呼吸状态下的瞄准击发，如半呼吸状态、3/4呼吸状态等。一名训练有素的狙击手具有迅速判断目标位置的能力，只要发现目标，他就会在迅速据枪的同时深呼吸处于待击发状态，而且这种深呼吸可以使其在击发之前处于空前的平静状态，从而提高据枪的稳定性。

正在进行呼吸训练的美国陆军狙击手

## 稳定性训练

稳定性训练主要是在据枪稳定性训练的基础上进行的训练。据枪稳定是进行精确射击的基础。它是指射手据枪后，枪支准确地瞄向目标所停留的时间、枪支晃动范围的大小以及对缩小晃动范围过程的控制。在卧、立、跪三种射击姿势中，卧姿的稳定是在屏气的同时出现的，稳定之前枪支是随着呼吸在目标上下做垂直运动，在 2～4 次呼吸之后，枪由下而上正确瞄准并屏气，这时枪支达到最佳稳定状态，在瞄准区停留 2～3 秒即可完成击发。立姿稳定性表现为枪支晃动范围、相对静止、持续时间和晃动是否有规律，枪支在相对稳定时也是在微小的晃动之中，狙击手应大胆利用这种稳定状态完成击发。至于跪姿稳定性，一般枪支只在瞄准区内微微颤动或者有规律地小幅晃动。随着训练水平的提高，稳定性也会逐渐增强，优秀狙击手的跪姿可以接近和达到卧姿的稳定水平。

稳定性训练的主要方法有：大负荷空枪预习，增加一次训练量，规定单位时间内据枪次数；击发后保持据枪稳定，要求枪支尽量稳在瞄准区内；辅助训练，主要是进行专项素质训练；提高据枪动作的规范化训练水平。

美国陆军狙击手进行据枪稳定性训练

## ⬤ 食指力量分配训练

　　食指力量分配训练主要是为了提高食指扣动扳机的敏感程度，这种敏感程度主要从专项技术训练中获得，需经常进行食指单独用力地灵敏性练习。作为一名成熟的狙击手，就射击感而言，要求做到动作协调，时间感强，进行细微射击动作时对力量分配准确。射击过程扣压扳机分三个阶段进行：即持枪成预备姿势时预压或触扳阶段、转体运枪时逐渐加压和进入瞄准区均匀扣响。扣压力量分配：慢速预压力量约 2/5，加压力量约 2/5，扣响力量约 1/5；快速预压力量 1/5，加压力量 3/5 ～ 2/5，扣响力量 1/5 ～ 2/5。

　　实验表明，扳机引力过轻，容易出现不敢扣压扳机的现象，扳机引力最好调到 200 ～ 250 克。在扣扳机时，指尖是最好的部位，因为指尖的灵敏度最高，千万不可使用第一指节的关节处扣压扳机。

正在进行食指力量分配训练的狙击手

## 观察力和注意力训练

狙击于侦察技能的好坏关系到他们能否完成自己的主要任务，由于狙击手大部分时间都是在执行需要观察敌情的侦察任务，因此其观察技能必须完美无缺，这种高度集中的观察练习可以重塑人的大脑。观察力与注意力互为因果、相辅相成，所以观察力的练习有助于注意力的集中。

提高观察能力的方法有很多，一种非常简单的方法是"找字游戏"。从一篇文章或一页文字中找出所有特定的词语。仅仅通过快速观察法进行搜寻，不要有意减慢速度，可通过比赛的形式进行反复练习，经过长时间的训练，找字的时间就会大大缩短。另外，玩拼图游戏也是一种提高观察力的有效训练方法。

正在进行观察力训练的美军狙击小组

## 抗干扰能力训练

狙击手所处环境特殊，干扰非常多，视觉、听觉甚至机体觉（机体内部器官受到刺激而产生的感觉）等都会受到干扰。例如，人的视觉和听觉有一个特点，很容易被新异刺激干扰，狙击手必须对抗种种干扰。环境的变化对注意力的稳定性，对判断力的果断性要求很高。

抗干扰能力训练主要是以提高自我心理控制能力和注意力集中能力为目的的心理训练方法。具体做法是选择任务材料和背景材料，让受训者在有背景材料和无背景材料两种条件下进行划消符号等任务的反复训练，从而逐步提高抗干扰能力。

### 矫正训练

射击训练是狙击手的主要训练内容，训练时的身体负荷量大，由于是不对称运动，容易造成脊柱弯曲和肌肉劳损，因此必须进行合理的矫正训练。矫正训练的方法主要是对抗矫正，即每次训练课程后进行相反动作的矫正练习，以达到矫正的目的。例如，狙击手的身体右侧向前，利用弹簧拉力器，右手不动，左手向后拉，持续 10～15 秒，间歇 15 秒，5 次为一组做 5～10 组。或者进行双手握肋木运动，右手在上，左手在下，身体右侧靠近肋木，两脚并拢，左腿向左横跨一步，同时左臂向左拉直，躯干向左倾斜，停留 10 秒，重复做数次。

#### ◀)) TIPS:

肋木是身体素质练习的辅助器材，其构造是在两根立柱之间装置若干平行的圆形横木。由于形状像肋骨的排列，故名肋木。

## 2.3 | 心理训练

### 2.3.1 | 心理训练的作用

心理训练的目的是培养和发展狙击手在训练、比赛乃至实战中所必备的各种心理品质和个性特征，使其具备战胜困难的信心、准确的判断力、高度的自控力、灵活的应变力、出色的抗干扰力、顽强的意志力和心理承受力。具体来说，心理训练主要有以下作用。

## 掌握和完善技术动作

通过表象训练、自我暗示训练等，不仅可使正确的射击动作在狙击手头脑里反复重现，帮助其更好地掌握和完善技术动作，挖掘其内在潜力；而且还可提高狙击手的本体感受能力和大脑的调节支配能力，使其形成最理想的技术状态。

## 加强自我控制能力

心理训练不仅能引导狙击手把注意力转向自身的内心世界，还能因势利导地使狙击手学会控制和调节自己的内心世界，形成和发展自己的个性心理特征，提高大脑对思维、行为和情绪过程的控制能力。

## 克服心理障碍

有的狙击手在过去的实弹射击中，由于在某个技术环节上的失误，导致整个射击过程的失败，在大脑中留下了很深的烙印，形成了心理障碍。若此时教官只是一味地要求狙击手强化规范技术动作的练习，忽视狙击手的心理反应，往往适得其反。通过增强自信心的训练，可以帮助狙击手逐步走出心理阴影，恢复正常的心理状态。

## 消除疲劳和紧张情绪

人的大脑受到外界的刺激会引起兴奋反应。如果反应过分强烈，大脑就会出现疲劳状态，使神经系统控制的身体各部分发生变化，如心跳加快、血压升高、肌肉紧张等。通过心理放松训练等，可以有效地缓解狙击手生理和心理上的紧张度，消除疲劳，恢复体力。

进行心理训练时，应注意以下问题：第一，避免盲目。进行心理训练时，首先应从认知训练和启发诱导入手，使狙击手认识到心理训练的重要作用，再对其实施具体的心理训练手段，这样才能避免盲目性，预防厌烦情绪的产生。另外，必须使狙击手认识到心理训练是长期的训练过程，只有坚持训练，才能收到预期的效果；第二，注意实用。心理训练的方法形式多样，应根据狙击手存在的心理问题，选择其容易接受的、可行的方法和手段，并与战术技术训练相结合，增加心理训练的实用效果；第三，强调个性。不同个性特点的狙击手，同一狙击手在不同时期，都会出现不同的心理问题。因此，必须视具体情况具体分析。针对狙击手遇到的不同问题采用不同的训练方法，根据狙击手的不同需要采用不同的具体措施，因材施教；第四，有机结合。心理训练、战术技术训练和体能训练共同构成了狙击手训练体系，各种训练相辅相成才能取得最好的训练效果。

正在接受心理疏导的美军狙击手

## 2.3.2 | 心理训练的方法

### 放松训练法

放松训练法是指有意识地、专心致志地使自己身心放松的训练方法。它一方面以积极肯定的自我暗示套语，配合放松情景的表象，体会自身四肢的沉重和温暖，使肌肉得到充分放松，同时由于呼吸频率放慢和加深，可以增加血液中的含氧量，减轻心肺压力，对心率、血压等产生良好的影响；另一方面，当身体的局部肌肉群率先处于放松状态后，这种放松可以依一定顺序向全身扩散，而原来已经放松的肌肉群仍可保持放松状态或继续加深放松，进而使大脑皮层的兴奋度降低，使意念更为集中到镇定、平静的感觉上，有效地缓解精神的过度紧张和焦虑状态。

### 舒尔茨放松法

练习姿势可自行选择坐、躺、站立，以全身放松舒适为原则，轻闭双眼，然后按以下步骤训练。

（1）调节呼吸。采用慢而深的腹式呼吸，并暗示自己"我非常安静"。

（2）四肢产生沉重和温暖的感觉。暗示自己"我的右（左）手或脚感到很沉重""我的右（左）手或脚感到很暖和"，可从右臂开始体会沉重和放松感，然后依次变为左臂、右腿、左腿。

（3）调节心率。暗示自己"我的心跳平稳而有力"。

（4）调节呼吸节奏。暗示自己"我的呼吸安静而有节奏"。

（5）腹部产生温暖感。将注意力移到腹腔，暗示自己"我的腹部很暖和"。

（6）入静。全身放松、温暖和舒服。暗示自己"我很安静，很放松，我的前额感到凉爽，很舒服"。

🔊 TIPS:

舒尔茨放松法由德国医学博士约翰内斯·海因里希·舒尔茨（Johannes Heinrich Schultz，1884年6月20日到1970年9月19日）发明，他在1933年出版了让全人类受益的《自律训练法》。

约翰内斯·海因里希·舒尔茨

正在尝试舒尔茨放松法的美军女兵

## 渐进放松法

渐进放松法是通过紧张和放松两种不同状态的对比体验，达到全身放松的目的。也就是说，要想放松某部位肌肉，就先让该部位肌肉紧张起来。例如：先用力将手腕屈曲，由于部分肌肉收缩，便能产生紧张感。然后，将手腕恢复到自然状态，肌肉放松，逐步体会到放松的感觉。如果要放松全身肌肉，可按以下步骤训练。

（1）自行选择舒适的姿势，深吸一口气，并在呼出的同时，慢慢闭上眼睛。

（2）将注意力转移到双脚上，拉紧脚上的肌肉，弯曲脚趾，拱起双脚。注意此时的张力感觉，然后放松。

（3）紧缩双腿与臀部所有的肌肉，然后完全放松，缓慢而深沉地做一次呼吸，使自己感到进入了更深的松弛状态之中。

（4）紧缩腹部与胸膛，停止片刻，然后放松。

（5）紧握双拳，拉紧二头肌与前臂，将双臂从坐着或躺卧的平面上略微提高，停止片刻，然后放松。

（6）皱起额头，撅起嘴巴，咬紧腭，让整个面孔紧缩一团。耸肩与拉紧颈部肌肉，停止片刻，体会其张力，然后放松。

（7）同时拉紧全身的肌肉，停止片刻，体会其紧张感，然后放松。待完全放松后，呼吸平稳，休息 1 ~ 2 分钟。

正在尝试渐进放松法的美军狙击手

### 表象训练法

表象训练法是指有意识地、积极主动地利用自己过去训练的感知在头脑中再现的训练方法。训练时，要求狙击手先进行呼吸放松练习，使整个身心安静下来，排除各种内部及外部干扰，然后在大脑中反复地、清晰地再现已形成的正确的或新的技术动作的全过程或某一动作的细节，并不进行明显的身体动作。需要注意的是，表象训练的效果往往取决于表象的正确、鲜明和完整程度。如果射击技术动作概念不正确，表象训练只能加深错误动作的体验。如果表象是模糊的或残缺的，也达不到预期的训练效果。

### 表象训练法的具体步骤

（1）在安静的环境和身心放松的状态下练习。选择舒适的坐姿或卧姿，闭上双眼，做几次深呼吸，想象自己身临熟悉的轻松自在的活动场景。

（2）表象动作时，要激发起获得成功时的情感体验，唤起身体各部参与射击活动的感觉：唤起视觉，仿佛看到了赛场、目标、枪支的形状甚至扳机、准星等；唤起听觉，仿佛听到了关键的技术要领语言或听到了训练场或赛场乃至枪战中出现的各种声音等；唤起触觉，体会到手中武器的状态、重量和冷热或扳机的轻重或击发后枪身后坐等；唤起本体感觉，感觉到运枪时的枪身晃动或据枪时的身体姿势和技术动作形态与瞄准时枪的指向调整，各部肌肉状态与动作之间的协调配合；或击发瞬间的食指用力方向，扣扳机的动作节奏，呼吸频率控制等。

（3）表象清晰性练习。表象动作要尽量生动，尽量与原始内容相近。表象一套动作所用的时间和节奏要与实际完成动作的时间和节奏尽量一致或稍微短一些。要对技术动作多次回想，细致复述，从准备姿势想到动作结束的全过程并不断补充细节。甚至可以在关键之处暂停一下，以便加深印象，在头脑中确立正确动作的完整表象。表象的动作越细致，动作的形象就越清楚，实际做起动作来就越准确和越轻松。这样才能及时发现自己动作的细微误差，才能对枪的指向进行精确调整，才能做到每次开枪动作的准确和一致。

（4）表象控制能力训练。表象某一动作瞬间的情景或身体某一部位的感觉，并定格于此，可以提高控制力。在表象中不要同时去想过多的客体，使思维强烈地聚集于自己想要表象的目标上。在正常节奏练习后，可缓慢地表象技术动作或分解技术动作，加深体会关键动作的肌肉控制状态。

正在尝试表象训练法的美军狙击手

## 模拟训练法

模拟训练法是指针对比赛或实战中可能出现的情况和困难进行的练习。目的是使狙击手适应不同的气候、时间、场景、对手及射击形式，尽量去感知射击中可能遇到的困难及容易引起精神紧张和动作失调的各种刺激，提高狙击手在千变万化的特殊情况下，正常发挥战术技术水平的能力。模拟训练还能够唤起狙击手创造优异成绩的欲望，激发其射击技术潜能。

进行模拟训练时，首先要做到逼真，严格按照实弹考核或比赛的射击规则、条件进行模拟训练，不要提高或降低规则标准，使狙击手在身体、心理和环境方面去感知、去适应类似实战的感觉。例如目标、场地、通信设施、指挥方式等都要按照实弹考核、比赛的规定实施，并利用贴近实战的设备，各种逼真、恶劣环境，提高狙击手在复杂环境下的心理承受能力和战术技术水平。其次，狙击手在模拟训练过程中，不要认为只是一种训练手段，而不积极加入。狙击手要把每次模拟训练当作赛场或战场，主动去适应这种环境，体验情绪感受。

## 模拟训练的主要方法

### 语言模拟

语言模拟主要是利用语言或形象的表象在头脑里描绘未来考核或比赛的情景；或每个具体的技术动作；或可能出现的问题和自己的对策。狙击手经过语言提示，使思维、情绪和注意力都进入实弹射击状态，对比赛情景形成先期适应。语言模拟训练不需要场地、器械，也不需要他人的帮助和提供其他物质条件。

### 实景模拟

实景模拟是创造一些与战场近似的条件和设施对狙击手进行训练，锻炼狙击手临场的适应性和战斗力。如：利用断壁残垣等地物，进行迅速转移的隐蔽射击及交替掩护的追击射击训练；或进行突入房间、楼内的瞬间识别和正确判断的快速准确的抵近射击训练；或利用声、光、电等高科技手段，模拟恶劣天气或黑夜，利用起倒靶、移动靶、隐现靶等模拟敌方的战术技术，进行"敌我"对抗、先发制敌的快速抢点射击训练。

### 沙盘模拟

沙盘模拟是将实弹场地的基本设施、目标位置、靶场朝向以及射击方位、行进路线等通过沙盘的造型展示给狙击手，让其了解和熟悉赛场情况，加强实战心理准备。

正在进行实景模拟训练的美军士兵

### 自我暗示训练法

自我暗示训练法是指用自己的思维和语言信息对自己的心理施加影响，目的是调节自己的心境、情绪、意志及工作能力，消除焦虑不安、烦躁、心悸等身心疲劳。暗示语言是简化、具体、有情景的，不需要发出声音或写在纸上，是靠脑内的暗示信号，自己向自己发出刺激信息，以影响自己的情绪和意志，加深对某一技术动作的认知。需要注意的是，无论是起兴奋作用，还是起抑制作用，暗示语言都应该是积极的，是根据狙击手对射击活动的需要，对心理状态的积极调节。如果暗示语言使用不恰当，很容易引起相反的作用。

## 自我暗示训练法的具体步骤

（1）实弹训练前，根据自己的情绪状态适度调整。如：对情绪紧张产生的心悸、手抖、腿软等现象，用"我不紧张，我很轻松"等语言，暗示自己平和心态，稳定情绪；对自信心不足，用"我的技术状态很好""我能成功"等语言，唤起自己的斗志。

（2）实弹训练中，对技术状态有针对性地进行自我暗示。如：用"我的技能状况很好，我一定是最好的"对自己的技能充分肯定。据枪时，"挺住手腕，握力适中"；瞄准时，"平正准星缺口"；击发时，"食指单独、正直、均匀向后用力"并连贯协调，形成动力定型，保证射击技能正常发挥。若出现心理状态不稳定或注意力分散时，可采用"镇静、放松""我感觉很好"等积极的暗示语言，指挥自己身体各部位的肌肉放松，稳定自己的情绪，从容应对射击过程。

（3）实弹训练后，用"我的心情很平静"等暗示语言进行放松练习，使心理活动水平受到抑制，恢复平静。

训练中的美国陆军狙击小组

### 集中注意力训练法

狙击手的注意力集中是指在一定时间内关注于某一确定的目标，将自己带入一个稳定、和谐的射击环境，不被气候、噪声、人员等意外事件干扰。射击中，要求狙击手具备高度稳定和集中的注意力。注意力越集中，就越能摆脱外界条件及自身杂念的干扰，技能动作就能得以最大限度地发挥。平时训练时，狙击手的注意力主要集中在完成正确的动作技能上，以提高完整动作的质量。考核或比赛时，狙击手的注意力范围要根据要求适当扩大，以适应射击规则及周围环境等要求。

一般来说，引起狙击手注意力分散的主要原因有：身体原因，伤病、疲劳、认知异常等；心理原因，急躁、轻敌、想赢怕输等；环境原因，对变化的场地不适应或对手中武器不习惯或发生故障，或天气恶劣、声音嘈杂，或指挥官和战友的期望值过高等。

需要注意的是，集中注意力训练一要有所侧重。要选择可能会产生严重后果的刺激物进行注意，抑制和排除那些无关紧要或后果不严重的刺激；二要保持注意。对一定刺激物的活动内容在意识中尽可能地保持注意，直到彻底认识或完成自己所实施的行为动作；三要专注积极，而不是消极。

### 集中注意力训练的主要方法

**利用视觉培养集中注意力**

利用视觉培养集中注意力的方法主要有两种：一是视觉守点法。静坐看树或地上的小石子，对其仔细观察几秒。然后闭上眼睛，在头脑里重现被观察对象，越逼真越好。当感到重现的形象有些地方不清楚或出现杂念时，再慢慢睁开双眼，继续观察一会儿，然后再闭上眼睛回忆，如此反复进行，直到被观察的对象各部分都能回忆得非常清楚为止；二是视觉追踪法。可选择一个活动的目标，如手表秒针，先集中精力看 1 分钟，然后再延长到 2 ～ 3 分钟，等到注意力不再离开秒针后，再重复 3 ～ 4 次，每次间隔 10 ～ 15 秒。

### 利用听觉培养集中注意力

听到或想象一种声音，如树林中鸟叫、潺潺流水、钟表嘀嗒声等，用听觉或想象始终守住这个声音。如果发现声音不响了，再从意识中重新唤起。

### 利用呼吸培养集中注意力

人在精神过度紧张时，往往感到胸闷气短，呼吸急促，进而引起注意力的分散。此时，可让狙击手放慢呼吸节奏，把注意力引向呼吸过程，进行呼吸调节，进而摆脱紧张，恢复注意力。具体方法有两种：一是心中计数法。首先，用鼻子慢慢地吸气，边吸边计数，从 1 数到 6 为止，屏住呼吸 2 秒。然后，边用嘴呼气边计数，从 1 数到 6 时，停止呼气。如此反复几分钟；二是意守丹田法。先放松入静，然后进行深呼吸，吸气时想象气从丹田部位向上，慢慢到达头顶的百会穴。然后呼气，想象气从头顶慢慢往下，直达丹田。注意力集中在一吸一呼以及气沉丹田的整个路径上，反复进行 10 次左右。

### 利用干扰条件培养集中注意力

可在看书时打开收音机，或在训练时播放射击实弹中的枪弹声及人呐喊的噪声，培养狙击手的专一能力。

### 利用意念培养集中注意力

利用"稳、静、放松"等对关键动作求稳的意念，或想象完美的射击动作，或只考虑现在，不想过去或将来。

全神贯注紧盯目标的美军狙击手

### 应激控制训练法

紧张是人的一种情绪状态。狙击手的紧张多是由于在考核、比赛或实战中受到某种强大刺激，形成了心理压力而产生的心理应激状态，即心理紧张。适度紧张可以使狙击手处于高度的警觉状态，使身体释放较多的能量应付机体当前的需要。过度紧张可以使狙击手大脑兴奋和抑制过程失掉平衡，降低思维效能，产生分析障碍。应激控制训练法是指对导致狙击手技能下降的情绪应激，采取有针对性的控制技术，进行心理诱导与调节的方法。

### 应激控制训练法的主要方法

**环境控制**

（1）减少不确定性。要求狙击手重视射击动作全过程，不要死盯环数。明确实弹射击的时间、地点和规则，做到有备无患。

（2）适应性训练。实弹射击前，充分感知可能遇到的引起紧张的各种刺激条件，尽量缩小狙击手心理准备与实弹射击环境之间的差异，提高狙击手对环境的适应能力。

**身体应激控制**

（1）学会识别身体应激的征兆。如：疲劳、心跳 加快、失眠、出汗等。

（2）运用放松技能。当意识到自己心理紧张时，运用自我暗示的方法进行放松练习，控制身体紧张的程度；或运用控制呼吸节奏、表象练习等，放松身体不同部位肌肉。

（3）对身体应激控制，要掌握适时、适度、及时、有效的原则。

**认知应激控制**

（1）思维替代。消极思维是产生紧张情绪的主要来源。当头脑中充满消极与令人焦虑的想法，会给狙击手的情绪、身体和行为带来消极影响。当狙击手意识到自己在进行某种消极思维时，应采用"思维刹车"的方法，阻止消极思维的延伸，然后以积极的思维取代。如：用"今天能见度很低，我

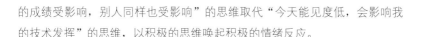

的成绩受影响，别人同样也受影响"的思维取代"今天能见度低，会影响我的技术发挥"的思维，以积极的思维唤起积极的情绪反应。

（2）自我安慰。这是进行心理安慰、求得心理平衡的有效方法。狙击手要把可能出现的问题和解决问题的方法联系起来，学会对自己进行耐心的说服，缩小心理上的希望值与现实结果之间的差距。如：出现远弹时用"这发不打远，有可能下一发会出现远弹""没关系，我要继续努力"来安慰自己，求得心理上的认可，控制心态。

（3）积极肯定。在任何时候、地点和情况下，都要采用积极的思维方式，绝不能采用消极的思维方式；用肯定的语言，不能用否定的词汇。如：在比赛中最后 3 发子弹仍落后对手 3 环时，不能用"只剩下 3 发子弹了，可还落后 3 环"的思维，而应用"还有 3 发子弹，只落后 3 环"的积极思维，激励自己抓住最后 3 枪的机会，战胜对手。

（4）思维转移。狙击手由于比赛任务的压力而情绪紧张时，不妨转移思维指向，使紧张心理得到暂时的放松和调剂。如：引导自己去考虑一下与比赛无关的事情；或去想大自然的美好景象；或过去自己愉快经历的体验；或听听轻音乐等。

正在尝试转移思维的美军狙击手

## 2.4 | 伪装和隐蔽训练

### 2.4.1 | 伪装的科学原理

在作战中，狙击手面临的总是以寡敌众的局面。狙击的实质，就是对敌方重要目标发动偷袭。因此，伪装和隐蔽对于狙击手来说至关重要。在战场上，一个不善于伪装的狙击手，等待他的必然是死亡。

对于狙击手来说，伪装既需要有想象力，更要有科学理论的支撑。伪装是一个与人的大脑与眼睛较量的过程。学习伪装，必须要先了解人的大脑和眼睛是如何协作的。人们总是忽略大脑在观察中所起的作用，事实上在观察和捕捉目标前，大脑会不自主地预期寻找一个轮廓明显的目标。目标与四周环境的反差越大，就越容易被发现。相反，假如目标与背景环境相似，那么人的眼睛就会在大脑的指挥下忽略该目标。

藏身于草丛的狙击手

利用干草伪装自己的狙击手

　　识别目标时，大脑主要通过目标的外形轮廓来辨别。在生活中，许多人都有这样的体验：白或黑的物体最容易被辨别，由于白和黑与纷繁复杂的背景反差明显，这两种颜色可以使物体的轮廓外沿显得更为明显。除了模糊目标的外沿，通过颜色的深浅对比，也可以改变大脑对物体轮廓的判定。

　　迷彩服的伪装原理，就是利用深浅不一的色块干扰观察者，弱化人体的外部轮廓。如果要取得理想的伪装效果，迷彩服的颜色、图案与曲线，一定要接近所隐蔽的环境。对于执行野战任务的军队狙击手来说，单纯使用迷彩服或吉利服的效果并不好。尽管根据作战环境的不同，有丛林、沙漠、沼泽等不同花色的迷彩服可供选择，但狙击作战的特点决定了狙击手的伪装要比普通士兵复杂得多，也许仅仅由于黑色作战靴的鞋跟反光，就会使狙击手暴露自身位置。

身穿吉利服的狙击小组

　　除了穿戴迷彩服或吉利服，狙击手还要对面部及其他裸露的皮肤进行伪装。狙击手面部的伪装，同样是与敌方观察者的眼睛和大脑较量的过程。在野外潜伏的狙击手，无一例外地要涂抹面部伪装油彩。也许有人认为，佩戴迷彩面罩更简单便捷，但根据美军的试验，没有一种迷彩面罩佩戴起来的效果能超过正确涂抹伪装油彩。

　　当人们看到黑色的物体时，就会产生一种该物体离自己较远的错觉，相反，白色物体会让人感到间隔自己较近。涂抹伪装油彩要做的，就是通过黑白的对比来颠倒人脸的高低位置，从而迷惑敌人。人的面部，眼睛、鼻子周边，下巴与嘴唇之间、耳孔等部位都是凹陷的，这些部位要涂抹白色伪装油彩。而在鼻子、额头、颧骨、下巴尖等突起部位，则要涂抹黑色伪装油彩。在涂抹的过程中，一定要遵循先上白色、后上黑色的顺序。此外，新手还容易犯一个错误，就是涂得过于对称。要知道，自然环境的景象是不对称、没有规律的，因此要留意用伪装油彩打破脸部的对称。专业狙击手伪装完成后，即使脸贴着脸地观察，一般人也有可能看不出那是一张经过伪装的人脸。

面部涂有伪装油彩的狙击手

## 2.4.2 | 伪装的重要因素

### ☞ 保持间隔

　　间隔是伪装时要考虑的重要因素。从伪装的角度来说，间隔越近就越容易被发现。在狙击作战的历史上，在1000米间隔上击毙目标的战例并不罕见。

对于狙击手来说，击毙几百米间隔上的敌人并不困难，行动的关键在于发现目标。

了解间隔对伪装的影响，首先要弄明白一个概念：角分。这是个几何概念，60 角分 =1 度。角分也是衡量眼睛精度的单位。实验证实，人眼的分辨精度是 1 角分。这意味着，假如目标与四周环境反差比较大，一个视力正常的人，可以在 90 米的间隔分辨 2.5 厘米大小的物体，在 180 米的间隔分辨 5 厘米大小的物体，在 360 米的间隔分辨 10 厘米大小的物体，以此类推。假如目标对于观察者小于 1 角分时，人眼就不能识别。

了解人眼的这个特性，对于狙击手的伪装非常重要。野战中，军队狙击手间隔目标至少要在 200 米开外，否则狙击步枪的性能得不到发挥，反而不如突击步枪方便。通常，狙击手间隔目标会在 360 米以上。因此，狙击手要不被敌方发现，就要保持合适的接战距离，并对自己和所携带装备距离超过 10 厘米的地方进行伪装。

英国陆军狙击小组远距离监视目标

### 🖙 颜色搭配

在分辨间隔时，颜色搭配也是必须考虑的问题。假如伪装时颜色搭配合理，就可以降低人眼的分辨能力。例如，将一块边长 2.5 厘米的黑色方块放在白色背景上，人可以在 90 米间隔上清楚地看到，如果将同样大小的绿色方块放在绿叶背景上，就很难发现。事实上，人们很早以前就发现了不同颜色军服对伪装效果的影响。在野战部队普遍装备迷彩服之前，军队作战服普遍以暗色为主。

当然，实战中要在几百米外搜寻隐藏起来的狙击手，是不可能单靠人眼观察的，一定会借助望远镜或瞄准镜。理论上来说，20 倍率的望远镜可以把间隔拉近 20 倍，但实际情况并非如此。美军特种部队做过测试，在 460 米的间隔上，人眼很难分辨出 12 厘米大小的目标，使用 20 倍率望远镜理论上可以观察 0.25 厘米大小的目标，但实际上分辨的目标大小在 0.5 厘米左右。尽管比理论数据低，但也足以看出光学器材对狙击手的威胁。如此一来，伪装时合理的颜色搭配就显得更加重要。

日本陆上自卫队狙击手正在学习伪装技巧

美国陆军空降部队的狙击手正在学习伪装技巧

### 利用自然环境

善于伪装的狙击手，能够与周围环境融为一体，让敌人难觅踪影。懂得如何利用自然环境，是成功伪装的重要因素。不破坏周围环境、尽量与环境融为一体，是伪装的最高指导原则。能不使用人工的物体就尽量不要使用，尽量使用天然的树枝、草叶、植被与岩块，最好利用天然的涵洞、岩缝，空心树干与树根空间等位置。

蹲在空心树干上的狙击手

藏身在岩石凹处的狙击手

狙击手采集周围植物的枝叶进行伪装　　　　藏身在枯叶堆里的狙击手

　　狙击手要融入自然环境，就要对当时当地的色彩、条纹、树枝形态、植被密度和景深有所了解。对于军队狙击手来说，全面掌握野外植被的规律是必备技能。例如，针叶松具有不同于其他植被的条纹和景深；树叶朝阳与背阴的两端颜色由浅变深；一堆野草的均匀深度为 30 厘米。狙击手在转移阵地时要养成根据周边景物的变化，随时调整自己伪装的习惯。例如，在树林中隐蔽时，最好在伪装服上插上树枝树叶。而转移到草地时，要及时丢弃树枝，换成草堆伪装。

与周围环境融为一体的狙击手

将带叶藤条编成伪装帽的狙击手

在头部和肩部插上小树枝作为伪装的狙击手

利用枯草伪装自己的狙击手

狙击手采集枯草作为伪装物

当然，狙击手毕竟不是变色龙，不可能在行进过程中随时随地根据环境变换伪装。但无论如何，狙击手都要牢记一条基本原则：在战场条件无法满足伪装的要求时，尽量使用深色进行伪装。因为人眼对深色物体的敏感度要远低于浅色物体。

潜伏在低矮草丛里的狙击小组

隐藏在深色枯枝中的狙击手

　　在潜伏过程中，大多数狙击手都会在自己前方摆放一些树枝、草叶做遮蔽，然而很少有人知道，在自己的身后设置遮蔽物同样有效。在身后设置遮蔽物，实际上是对自己的背景进行调整。例如，一战期间美军上尉麦克·布雷德与德军遭遇。当时，他身穿卡其布军服一动不动地站在一棵树前。由于很好地融入了背景色，450 米外的德军居然没有发现站着的麦克·布雷德上尉。

狙击手在身后堆放枯枝作为遮蔽物

　　在野外作战时，狙击手要牢记不要站在浅色的岩石上，它可以将人的轮廓清楚地映衬出来。同时，当敌人准备向你射击时，浅色的岩石又会使步枪的黑色缺口、准星看起来很清楚，便于瞄准。另外，在山地行进时，背景色的原理同样有效。一名训练有素的狙击手，不得不沿山脊行进时，他一定会想办法让自己的身影低于山脊。对于隐藏在山下的敌方狙击手来说，天空是最佳的背景。一旦狙击手将他自己的身影映衬在天空的背景里，等待他的必然是敌人的子弹。

狙击手的身影在天空的映衬下非常显眼

## 2.4.3 | 狙击阵地的设立

狙击阵地，顾名思义就是狙击手的射击工事。因为狙击手追求高精度射击、长时间潜伏，所以都会构筑一个有利于自己的射击环境，这就是狙击阵地。根据任务时间、强度，狙击阵地可以分为应急狙击阵地、简易狙击阵地、永久狙击阵地三类。

### 应急狙击阵地

在目标点短暂执行小规模任务时使用的阵地，弄一些石块、土块将枪垫好即可。这种阵地的缺点较多，由于情况紧急，狙击手只能通过简单的伪装来隐蔽自己。再就是阵地比较小，一些肢体动作受到限制，有时候由于地形的限制，观察视野也会受到影响。

### 简易狙击阵地

简易狙击阵地就像是挖掩体一样，完成之后要在掩体之上做好伪装。这种情况一般是针对地理环境不错但地势偏高的地方，为了不让身体上的伪装增加不必要的高度，便需要挖掩体来降低高度。此外，这个掩体还可以让狙击小组得到简单的休息，毕竟狙击小组的监视时间较久，很需要一个小型的伸展空间。

利用沙包建造的简易狙击阵地

## 永久狙击阵地

　　如果面临一场大战役，任务时间长达数天或一个月以上，就可以挖掘永久狙击阵地了。像这种情况，狙击小组不可能连续趴在那里几天，这就需要一个能够轮流休息的地方，而这个地方就是在阵地上设立的，说白了就是挖一个足够狙击小组摆放物资且能让一个人进行休息的空间，因为不可能狙击小组两人同时进行休息，所以只要能满足一个人休息的地方就行。挖掘永久狙击阵地的工作量较大，但狙击手和观测手不能同时进行挖掘工作，必须一人负责警戒，另一人负责挖掘，必要时轮换工作。

　　永久狙击阵地的挖法也很有讲究，阵地的深度只要能满足蹲坐状态即可，阵地的内部要挖出一条排水沟，阵地的前面要挖一个便于观察和射击的孔洞，阵地的后面要挖一个进出口，阵地的顶部要想尽办法搭建牢固，不仅要防雨，还要防止小动物的踩踏，最好能承受一个人的体重，因为不排除会有敌人在狙击阵地附近徘徊的可能。逃生口也是个很关键的地方，但是逃生口挖在阵地内的哪一侧，要根据目标区的地形以及敌人的搜索方向来决定。

在雪地中挖掘永久狙击阵地（①在挖好的土坑顶部安放支架；②在支架上面铺设伪装布；③在伪装布上堆满积雪；④在留出的观察口上铺设白色纱网）

无论上述哪种狙击阵地，都要尽量使之具备以下要素：俯瞰目标区；前有屏障；后有退路；风向有利，通常逆风最好，顺风次之，侧风最差；背对阳光；旁边有大型平面物体，可以反射声波，干扰敌人循声找人；有地利优势，即阵地位于敌人的必经之路；在敌人右侧，因为人们都习惯从左向右搜索；避开孤立点；尽量融入周围背景。

除此之外，在条件允许的情况下，距离主要道路的位置、下雨时阵地是否仍能保持干燥、会不会积水、天气炎热时能否保持凉爽等问题也可以列入考虑范围。在选好阵地位置并完成伪装后，狙击手要在阵地周围撒上催泪瓦斯粉，以免野生动物接近，暴露阵地位置或对狙击手造成伤害，进而导致作战任务失败。

狙击手在狙击阵地中与指挥部通信

狙击手利用小枝条伪装自己和狙击步枪

## 2.5 | 观察训练

### 2.5.1 | 狙击手的夜间视觉

　　狙击手往往需要全天候执行任务，光线良好的白天对狙击手的观察和监视活动没有太大影响，但到了夜间则完全不同。无论有没有月光，人的眼睛根本无法保持与白天一样良好的视觉，所以狙击手必须想办法强化自己的夜间视觉能力。

在夜间执行任务的狙击手

影响夜间视觉的主要因素包括：缺乏维生素 A 会影响夜间视觉，但大量服用维生素 A 也不会显著提高夜间视觉能力；感到寒冷、头痛、疲倦、吸烟太多及饮用酒精类饮品会降低夜间视觉能力；环境的光暗部分对比很大。

由于人眼需要 10 分钟才能完全适应由光到暗或由暗到光的转变，与此同时因为瞳孔慢慢放大而使眼睛变得不可靠，所以当狙击手需要在夜间出动执行任务的时候，可以从基地出发前佩戴红色眼镜让眼睛适应光暗环境。此外，狙击手还要善于利用不集中视觉。不集中视觉是指用眼睛中心以外的范围去看而不直视某一目标，一件物体在昏暗的光线下会比较模糊甚至变形，看起来会与平时不一样，如果在眼睛的中心 6 ～ 10 度外斜看一件物体，不集中视觉会使物体形成一个比较清楚的影像。

在黄昏及黎明的时候，光线的转变会使眼睛也作出调整，此时狙击手必须十分留意自己的安全。同一原则，敌人在这种情况下也时常会不小心暴露于狙击手面前。瞄准镜内的十字线会在日出前一个半小时内开始逐渐清楚，在日落后一个半小时内逐渐模糊。

弱光环境对狙击手的瞄准极为不利

在某些情况下，狙击手可以利用辅助光线观察和射击目标。例如，利用榴弹发射器发射照明弹能在 200 ～ 250 米高空产生强光，提供足够的照明使用望远镜及瞄准镜作观察及射击。此外，还可利用敌人阵地的光线以及敌我交战时的火光。

狙击步枪在夜间开火时的枪口焰

　　必要的时候，狙击手也可利用望远镜、微光瞄准镜和星光夜视仪等辅助设备进行观察和瞄准。虽然这些辅助设备的功能强大，但也并非没有限制。例如，星光夜视仪的设计是利用夜间天空的微弱光线以形成影像，所以在有月光、星光及火光下才能发挥最佳显示功效，当天空的云层太厚或没有光线的时候，星光夜视仪的功效便会大大降低。此外，当使用任何光学仪器超过10分钟后，狙击手必须休息以保持长期观察能力。

夜视仪中显示的影像

在夜间进行实弹训练的美国海军陆战队狙击小组

## 2.5.2 | 观察及监视的技巧

当狙击阵地布置完成后,狙击手便应对四周进行观察,他首先要观察身边的即时危险,所以会对四周进行简略观察,紧接着就会进行缓慢而细致的详细观察。之后,狙击手便会潜伏在狙击阵地中进行长期观察。

简略观察是确认狙击阵地附近有没有敌情最便捷的方法,狙击手可利用肉眼观察或使用望远镜进行观察,观察的时候向一个角度范围作扫描式搜索。简略观察的优点是如果在观察的范围内有任何东西移动都会及时被发现,这一点对于刚到一个陌生环境的狙击手来说是非常有用的。

如果狙击手经过简略观察没有发现情况,他便需要进行详细观察了。狙击手可使用 $6 \times 50$ 毫米固定倍率望远镜,以便得到一个比较宽阔的影像。正常情况下,最近的范围对狙击手来说是存在最大潜在危险的地方,所以详细观察应从最近的地方开始,即从最近的 50 米仔细观察 180 度范围内的地方,然后重复观察一次。如果是多人狙击小组,应互相轮流进行观察及休息,并经常保持对后方及左右两侧的观察,确保能及时发现敌情及保障自己的安全。

正在观察目标的美国海军陆战队狙击小组

### 2.5.3 | 狙击小组的观察分工

美军和英军的狙击手编制原则上是三人狙击小组，实际上多为两人小组、一人为狙击手、另一人为观测手。俄罗斯的狙击手编制为四人狙击小组，这是根据车臣战争的经验进行编制的，但实际上也是 2 ~ 3 人为一组情况居多。一般来说，狙击小组用于观察的设备主要是 20 ~ 40 倍放大倍率的单筒望远镜、7 ~ 8 倍放大倍率的双筒望远镜以及 10 倍以内放大倍率的瞄准镜。

在狙击小组中，每个队员都有自己的任务。小组间每个队员都要反复进行训练，以便在协同作战时配合默契。狙击手的任务包括：出发前，撰写行动计划；推进时，作为殿后掩护，并消除留下的痕迹；匍匐潜行或追踪敌人时，走在领头的位置；决定隐蔽地点的位置；调校瞄准镜风偏及俯仰角；锁定并确认所指定的目标；判断目标距离；瞄准目标和射击。

相比之下，观测手的任务要烦琐得多。狙击小组进驻狙击阵地后，观测手会先进行一次简略观察，如果未发现目标，就需要绘制和填写记录册。记录册的内容分为几部分：文字记录，简要记录人员、任务、时间、地点等信息；目标区域速写图，画出目标区域景物的相互关系；射程卡，用若干同心圆标示出不同目标的方向、距离、仰角等，还要标上风速、风向，用来计算弹道和偏移；目标区域现场范围卡，可以粗略理解为更大范围、更粗糙的射程卡。训练的时候还要写其他资料卡，记录一些详细的参数。

准备工作做好之后，观测手和狙击手要对观察区域进行划分，一般观测手使用高倍率的单筒望远镜观察远处，狙击手使用狙击步枪的瞄准镜观察近处。中间辅以双筒望远镜进行概略性的观察。

发现或者选好目标之后，两人要互相交流目标的位置。观测手使用单筒望远镜再次仔细观察目标进行确认，同时观察地面蒸汽的波形和密度，从而判断风向和风速。这时狙击手就可以仔细观察目标寻找感觉了，而观测手需要利用之前准备的射程卡，结合风速、风向、温度、湿度进行计算，给狙击手提供调整建议。

　　当一切准备就绪之后，观测手需要再次拿起自己的单筒望远镜，观察狙击手的弹着点，确认射击结果。如果一枪未中，需要根据弹着点再次向狙击手提供建议。

各司其职的两人狙击小组

两人狙击小组正在商议作战计划

美国海军陆战队狙击手正在进行观察训练

　　除此之外，观测手还有其他一些职责：部分重型狙击步枪由于过重，需要分成两部分携带，一部分由观测手背负；渗透期间，狙击小组往往采用狙击手在前导航，观测手负责殿后警戒的渗透队形，此时观测手不仅要负责后方的警戒，还要消除两人在行进过程中留下的痕迹；突然接敌或撤退时，观测手要负责火力压制和掩护；如果选择的阵地没有较好的依托物让狙击手架枪，那观测手的腿（卧姿）或肩膀（坐姿、站姿）都是天然的支架。

　　需要注意的是，狙击手和观测手的角色并不是固定的。出于视觉疲劳的考虑，狙击手和观测手可以互相转换角色，所以上述任务并不一定都是观测手独自完成。

狙击手将观测手的肩膀作为狙击步枪的支架

狙击手以观测手的肩膀作为支架进行站姿射击

美国陆军两人狙击小组轮换休息

## 2.5.4 | 观察高度和湿度

空气阻力的大小基于空气的密度、温度、湿度、气压及子弹的速度，弹药生产商对于弹道测量的标准环境为：

高度：海拔 0 米

压力：水银计 760 毫米

温度：25℃

湿度：78%

许多人会认为，由山上往下射击时子弹的弹道会更平一些，因为空气的密度会比较低。然而，由于温度也相对较低，所以子弹的弹道并没有太大变化。

值得注意的是，子弹在湿度较高的条件下，弹道会比干燥环境更平，这是因为水的分子重量比干燥时轻，所以由干空气到湿空气会使弹道系数上升。当然，这个变化幅度非常小，所以不必重点考虑，温度与高度的转变反而影响更大。狙击手可以在训练和实战中加以总结，观察不同高度的弹道情况。将高度对弹道的影响了解透彻后，狙击手的射击精准度无疑会大大提升。

美军狙击手正在观察弹道情况

正在观察山区地形的狙击手

## 2.5.5 | 观察风向和风速

风是狙击手面临的最大的外部环境问题，风对子弹的影响可随着射程而增加，这是因为子弹的向前能量不断减少，以至风的力量渐渐取代子弹的能量最终影响子弹的稳定性。除了子弹外，风对狙击手的影响也很大，风速越大狙击手便越难稳定狙击步枪，这种情况可以利用训练来克服，但以目前的科技而言子弹是不能被训练的，所以只能想办法顺应它的这一特点。

由于狙击手需要知道风对子弹的影响有多大，所以狙击手要懂得将风分类，最好的方法就是使用钟点方法，此方法以狙击手为中心点，而目标在正前方的 12 点，风被分成三种：全速风、半速风以及零速风。全速风是指风的力量完全可以影响子弹的飞行稳定，这些风来自 2、3、4 点及 8、9、10 点的位置，但来自 1、5、7、11 点的风对子弹的影响只有一半，因此叫作半速风，而零速风顾名思义是指对子弹没有影响的风，这些风来自 6 点和 12 点方向。

在因风的影响做出调整前，狙击手必须考虑风向及风速，这可以利用一些指标作为测量工具，例如旗帜、烟、树木、草、雨点以及自己的感觉。最常用的方法就是利用旗帜，狙击手估计被风吹起的旗帜与旗杆形成的角度，然后将角度除以一个常数 4 再乘以 1.6，答案便是大约的风速了。例如，旗帜下底边和旗杆呈 60 度角，风速约是 60/4×1.6=24 千米 / 时。如果没有旗帜可供观察，狙击手也可拿一张纸、一根草、一朵棉花或其他重量较轻的物品，然后放手，紧接着用手指着物品着陆点，观察手臂与身体形成的角度，再通过公式计算，也能得出比较准确的答案。

美军狙击小组中的观测手正在计算风速

美军狙击小组正在观察风向

## 2.6 | 射击训练

### 2.6.1 | 射击姿势

对于狙击手而言，正确的射击姿势是准确狙杀敌人的先决条件。多年以前，为了确保稳定性，狙击手可以固定使用自己喜爱的某种射击姿势。但从最近的研究来看，狙击手熟悉多种射击姿势，在必要情况下进行调整，更有利于确保射击的稳定性。狙击手的基本射击姿势有以下几种。

#### 🔫 站姿射击

站姿射击也被称为无依托站立姿势射击，其稳定性最差，但恢复速度最快。如果采取站姿射击，应当尽量估计并缩小身体晃动对射击的影响。大多数情况下，运动期间遭遇敌人之时，宜采取站姿射击方式。站姿射击通常用于自卫，期间注意呼吸和射击的适应很重要。另外，站姿射击受风的影响也比其他姿势要大。

使用站姿射击的狙击手　　　　　狙击手在山区居高临下使用站姿射击

### 卧姿射击

卧姿射击可以分为两种形式：一种是双腿直伸式，另一种为左腿直伸右腿屈曲式。双腿直伸式的身体与射面的夹角比较大，两脚外旋脚尖向下，总重心位置在支撑面内稍右。这种姿势的优点是身体俯卧的面积大，头部贴腮自然，左臂负担量相对较小，适于使用标准步枪而身材又比较匀称的射手。但这种姿势也存在着缺点，因为躯干以下全部俯卧，增大了腹部受压力量，对腹式呼吸的射手，呼吸有所不便，持久性和一致性较差。

使用左腿直伸右腿屈曲式时，躯干与射向投影夹角小，左腿随躯干自然伸展，脚直立或自由倾斜，右腿随膝关节自然屈曲，身体重量偏左，总重心位置在支撑面左侧。这种姿势的主要优点是右腿自然屈曲后身体重心左移，右侧腹部着地面积减小，整个姿势的力量易于集中，姿势的紧张度减小，动作自然，利于维持姿势的稳定和持久。对于身体比较高大壮实的射手，采取这种姿势更为适宜。

左腿直伸右腿屈曲式的缺点在于：枪与身体大部分重量偏左，增大了左臂负担量，对于身体矮小臂力不强的射手，有负重较大之感。实践证明，左腿直伸右腿屈曲式卧姿，已被世界各国狙击手普遍采用。在所有射击方式中，卧姿射击最容易学会和掌握，且重心的位置低，稳定性非常好。同其他姿势相比，卧姿射击更不容易被敌人发现。

在树林中使用卧姿射击的狙击手　　　　在乱石滩上使用卧姿射击的狙击手

美军狙击手练习使用卧姿射击

### 🔫 霍金斯射击姿势

霍金斯射击姿势属于对卧姿射击的改良，适合用于诸如沙漠等缺乏掩蔽物的平坦地形。同传统的卧姿射击方式相比，狙击手更贴近地面，可减少暴露面积，而且使据枪动作更加稳定。其具体要求为：狙击手的身躯更靠向左侧，与狙击步枪几乎成 90 度角；枪托底端部分嵌入地面，由泥土承托狙击步枪的重量；左臂完全贴着地面，向前笔直伸出，左手肘关节需锁定，从而抵消部分射击的后坐力；左手抓紧揉成一团的枪背带末端，手腕作握拳状承托步枪的护木，依靠紧握或放松拳头，狙击手可轻微调节步枪的俯仰角度。

### 跪姿射击

跪姿射击时，狙击手的右腿跪在地面或沙袋上，脊柱成前弓形状，身体重心落在地面或沙袋附近。在采用这种姿势的时候，要靠左小腿承担部分狙击步枪的重量，左肘无法紧靠身躯，且没有固定的支撑，因此应当确保狙击手和枪的密切配合。跪姿射击的要求包括：跪得稳、人与枪结合的力量集中、上体下塌、腰部放松。

使用跪姿射击的澳大利亚狙击手

使用跪姿射击的英国狙击手

在树林中使用跪姿射击的狙击手

**坐姿射击**

坐姿射击的方式可以分为好几种，但主要的两种方式是双腿叉开和双腿交叉的射击姿势。在这两种射击姿势中，狙击手都需要将两肘支撑在双膝上，从而确保狙击步枪射击时的稳定性。坐姿射击在稳定性方面仅次于卧姿射击，可以使狙击手获得更良好的视野，当然也会给敌人提供更大的靶子。

以义肢为支架进行坐姿射击的美国海军陆战队退役狙击手

使用坐姿射击的美国陆军狙击手

　　总的来说，在各种射击姿势中，卧姿射击可以获得几乎完美的稳定性，但由于地形的影响，稳定性往往会受到干扰。同样，跪姿和坐姿射击受地形的影响稍小，却更容易被敌人发现，遭受报复性火力的攻击。为了能够一击

致命，狙击手需要对各种射击姿势时常加以练习。普通步兵往往都会通过吊砖头的方式训练自己的臂力，从而确保稳定性，对于狙击手来说，要求只会更严格。

训练场上使用不同姿势射击的狙击手

## 2.6.2 | 射击精度

### ☞ 影响射击精度的因素

狙击手通常要在常规作战距离以外进行远距离精确射击，那么如何提高射击精准度就成了狙击手最关注的重点。一般来说，影响狙击步枪远距离射击精准度的因素主要有以下几点。

### ☞ 枪弹的散布精度

二战以前，用于狙击作战的步枪只是使用普通步枪弹，但是随着狙击与反狙击作战的升级，人们发现普通步枪弹的散布精度已不能满足更远距离精确打击的需要，因此各国都开始研制和生产专供狙击步枪使用的高精度狙击步枪弹。普通步枪弹与高精度狙击步枪弹外观上几乎没有区别，但是总体设计思想不同，体现在弹头结构上有很大差异。高精度狙击步枪弹在设计上就是要千方百计地保证弹头在有效射距内具有稳定的弹道特性，不用过多考虑生产工艺性和生产成本。美国等许多西方国家大都选用射击比赛用高精度枪弹作为军用狙击步枪弹的发展基础。

美国陆军狙击手正在学习弹道知识

美军狙击手正在观察弹道

## 狙击步枪的射控精度

MOA（Minute of Angle）为西方国家常用的计算射击精度的角度单位，翻译成中文即"角分"。按照这套考核方法，在相同的 MOA 数情况下，射击距离越远，枪的射击精度越高。MOA 数固定时，不同射击距离处的散布直径与射击距离成正比。

狙击步枪根据精度能力分为：高精度（或超高精度）狙击步枪和普通精度狙击步枪，前者通常采用非自动发射方式以追求高散布精度，后者通常采用半自动发射方式以追求战斗射速、散布精度和全枪重量等综合作战性能。例如，美国军队装备有各类狙击步枪，其中最好的半自动型 7.62 毫米狙击步枪只能在 300 米以内保证 5 发弹的散布直径小于 1 MOA。而单发装填的非自动 7.62 毫米狙击步枪在 500 米距离以内可保证 5 发弹射击散布直径小于 1 MOA。目前，美军装备的 12.7 毫米大口径非自动狙击步枪在 900 米距离可保证 5 发弹射击散布直径小于 0.5 MOA。

无论是半自动还是非自动，散布精度始终都是狙击步枪研发的重中之重。

比如枪管就要按照比赛级步枪枪管的加工工艺进行生产，为保证枪管的直度和减小射击时枪口的跳动，枪管一般都比普通步枪要厚重，加工精度较高，内膛通常不镀铬。

美军狙击手使用背包作为支架以提高射击精度

美国海军陆战队狙击手正在测试狙击步枪的精度

### 光学瞄准镜的精度

现今，高精度中程狙击步枪能在 1000 米距离上对人体目标有 90% 以上的狙杀概率，大口径狙击步枪能在 1500 米距离上对人体目标有 60% 以上的狙杀概率，这就对瞄准镜的精度提出了更高的要求。例如要瞄准 1500 米位置的人体目标，需要 15 倍左右的放大倍率，此时瞄准镜的视场角已经很小，会妨碍狙击手的快速搜索定位，因此最佳的优选方案就是采用可变倍率瞄准镜，先用小倍率锁定大致方位，再用大倍率精确瞄准。

瞄准镜倍率并不是越大越好，倍率过大会使技术难度提高，还会带来负面影响，不仅要增大物镜口径和光学透镜加工精度（相当于增加光信息采集量并减少信息失真），还需要增大物镜焦距从而增大成像高度以提高瞄准精度（相当于增加机械瞄准的基线长度），由此还会引起瞄准近距离目标时的瞄准视差增大，因此还要增加一个复杂的消除视差的机构。此外，如果还要求狙击步枪发射穿甲弹、燃烧弹、多功能弹等多弹种，不同弹道参数的调节也使瞄准镜的设计更加复杂。另外还有夜视观瞄问题、校枪调校精度问题、瞄准镜与枪的重复装卸精度问题，这一系列问题都对瞄准镜的设计加工提出了很高的要求。例如：一般精度的狙击步枪白光瞄准镜最小分划调整量设定为每档 0.25 密位左右，这个调整量对应 600 米目标靶上的弹着点移动量为 15 厘米，而目前最精密的远程狙击步枪瞄准镜最小分划调整量提高为每档 0.07 密位角，对应 1500 米时弹着点移动量为 10 厘米。也就是说，射击距离越远对瞄准镜设计的精密程度要求也越高。

为了提高远距离射击精度，测距变得越来越重要，目前国际上通常的做法是观测手使用望远镜和手持测距机搜索、观察并测量目标距离，然后告诉狙击手，狙击手再根据弹种参数调整瞄准镜上的距离装定手轮，然后再对目标进行瞄准射击。

狙击手使用光学瞄准镜瞄准目标

正在进行射击训练的美军狙击手

狙击手使用光学瞄准镜观察目标

### 🗣 自然环境对射击精度的影响

枪弹出膛到击中目标的这段时间内，外界环境的温度、海拔高度、风速、大气能见度、光照条件等自然条件都会对狙击手的瞄准和枪弹外弹道造成影响。因此，武器研制方应该进行多次的试验，总结积累经验参数供狙击手参考，狙击手则要根据自己的实际经验和具体的自然条件进行综合判定和修正。

如第1章所述，加拿大陆军下士罗伯·费隆在阿富汗山区使用一支美国麦克米兰公司生产的 TAC-50 狙击步枪（配用 16 倍瞄准镜），在 2430 米距离上击毙了一名恐怖分子。TAC-50 狙击步枪的枪口初速为 850 米/秒，枪弹出膛后飞行了约 2.5 秒（垂直下落了 20 多米），这样的弹道抛物线是令人吃惊的。除了罗伯·费隆的技术和运气之外，与当时的气候、环境也有很大的关系。阿富汗山区平均海拔在 3000 米以上，这样的高度下空气相对稀薄，地球引力相对较小，因此外界因素对枪弹飞行的干扰就较低海拔地区少了很多。有这样的环境条件，加上罗伯·费隆丰富的狙击经验，才创造了如此令人难以置信的纪录。

过于强烈的光线会影响狙击手瞄准

美国海军陆战队狙击手在海岸边练习射击

美国陆军狙击手在雪地中练习射击

## 狙击手综合素质

　　狙击步枪在实战中效能的发挥最终由狙击手来完成和体现。目前，国际上高精度狙击步枪的散布精度已经达到了很高的水准，射击水平的差异开始更多地体现在狙击手的个人素质上。例如，以色列军队现在培训 1 名狙击手的费用几乎已经达到了飞行员的水准，而且狙击手退役以后，其使用的狙击武器会归档入库保存，一旦战事爆发需要狙击手重新服役，他还能继续使用原来的狙击武器，以最大限度地达到人枪合一。由此可见，一些国家在观念上已经把狙击手与普通士兵严格地区分开了。

在靶场训练的狙击手

训练中的美军狙击小组

### 瞄准镜的密位点分划

狙击手的瞄准主要是通过瞄准镜完成的，所以准确掌握瞄准镜分划的测量方法，对提高射击精准度有着重要意义。目前，世界上最为流行的瞄准镜分划是密位点分划，它比其他瞄准分划具有更大的优势，如狙击手可以通过垂直分划进行测距和高低修正，而水平分划则用于风偏和运动目标提前量的修正。

密位（mil）是射击常用的弧度制计量单位。所谓弧度制计量单位，是用圆上某段弧长与半径比值来衡量该弧度对应圆心角的方法。圆周 360°对应的弧度是 2π，也就是 6.28318 弧度，同样为了更精确计量引入了毫弧度，1 弧度 =1000 毫弧度。而 360°=6283.18 毫弧。6283.18 这个数字不方便计算，所以各国纷纷引入了一个近似单位——密位，360°=6400 密位（西方国家）或 6000 密位（东方国家），无论哪种取值，1 密位≈1 毫弧。然而密位计算对于火炮射击诸元很有意义，对于步枪射击来说却意义不大，所以精确射击范围内，1 密位看作 1 毫弧就可以了。在 1000 米的距离上，1 米弧长对应的圆心角大约就是 1 密位。同样，如果要精确计算的话，还是需要用 1 毫弧单位。公式如下：目标尺寸 ×1000÷ 密位数 = 射击距离。

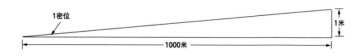

$$\frac{目标尺寸 \times 1000}{密位} = 射击距离$$

🔊 TIPS:

射击瞄准必然涉及角度问题，而角度有两种计量方式——角度制和弧度制。角分（Minute Of Arc，MOA）和密位（mil）分别是射击常用的角度制和弧度制计量单位。其中，密位是国际通用的，而角分常常用于美国等英制计量单位国家。

　　密位点分划是由标尺刻度分划发展而来的，以标准大小的点取代刻度线，用点本身和点间距共同完成密位读取，较之标尺刻度更方便、精确，也更醒目。当狙击手从有密位点分划的瞄准镜中观察目标时，就会发现从十字线的交点分别向上、向下、向左和向右均匀分布着一些密位点。

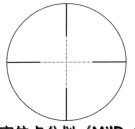

**密位点分划（MilDot）**

　　常见的密位点有圆形点和椭圆形点两种，如美国陆军常用圆形密位点分划，而美国海军陆战队则使用椭圆形密位点分划。密位点也有实心、空心之分，空心点多出现在大倍率望远瞄准镜中。无论哪种密位点分划，其上下左右四个方向均有 5 个密位点，点距不受瞄准镜放大倍率的影响，永远为 1 密位。常见的圆形密位点直径均为 0.2 密位，而椭圆形密位点的长半轴长 0.25 密位。某些特殊的圆形密位点直径也是 0.25 密位，一般会进行特殊标明。

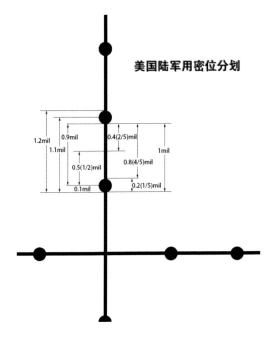

美国陆军用密位分划

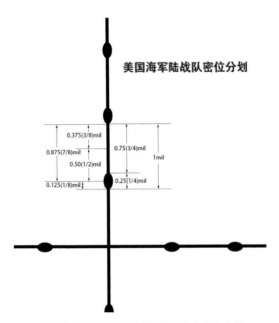

美国陆军和美国海军陆战队使用的密位点分划

**密位点分划的基本测量方法如下:**

　　根据密位公式（目标尺寸 × 1000 ÷ 密位数 = 射击距离），一旦确定了目标的大概尺寸和密位读数，就可以判断射击距离。在没有其他测距设备的条件下，这是目标测距最简单、最直接的方法。例如一个直靶高 1 米，分划读数是 1 密位，那么距离就是 1000 米；读数是 2 密位，距离就是 500 米。

　　对人体目标，亚洲成年男性平均身高是 1.7 米，戴钢盔的西方男性平均身高是 1.8 米左右。如果一个西方人站立时分划读数是 4 密位，那么距离就是 450 米（1.8 × 1000 ÷ 4）。男性正面宽度 0.5 米，读数 3.2 密位，那么就是 156 米（0.5 × 1000 ÷ 3.2）。反过来，如果已知射击距离，根据密位读数也可以判断物体尺寸、速度等（目标尺寸 = 射击距离 × 密位数 ÷ 1000）。例如射击距离 240 米，一头鹿的横向读数是 1.4 密位，那么鹿的长度就是 1.4 米（240 × 0.6 ÷ 1000）。

　　狙击手执行任务前都需要校准瞄准镜，军队狙击手一般在 300 米距离归零，警队狙击手一般在 100 米距离归零，即调整瞄准镜在 300 米或 100 米距离上使十字中心和弹着点重合。可执行任务时目标未必就在这个距离上，而且弹道并不是直线，受重力影响略带抛物线下坠，弹着点就会偏离十字中心，因此必须在原有归零基础上再次校正瞄准镜，使十字中心与实际射击距离的弹着点重合，这样就可以用中心直接瞄准射击，也可以不作校正，直接在十字中心外估算出弹着点，然后用这一点瞄准，不过只有经验老到的狙击手才能做到。

## 2.6.3 | 射击部位

### 👉 人体目标

早期军队中由于缺乏尖端的狙击武器，所以狙击手往往选择瞄准目标胸部等容易命中的地方射击，此种方式依靠子弹对目标造成的失血、组织和器官损伤达到致命效果。现代军队中的狙击手通常直接射击目标头部。射击头部在世界上有三种位置，分别是眉心、鼻子到嘴之间和咽喉部位，这是因为各国对人体的研究不同所造成的。反恐战斗中，在人质生命受到极大威胁时，狙击手的射击部位通常是位于颅骨底部的延脑。因为射击人体心脏，人会有 8～13 秒的潜意识时间，在这段时间里恐怖分子有足够的时间引爆炸药或杀害人质。

在难以射中头部时，也可尝试射击目标躯干。以人体躯干的中央为中心，围绕层叠着不少脆弱的目标，包括心脏及相连的主动脉血管，还有心脏后面的脊椎以及胸腔底部的肝脏。一名成年男性全身的血液有 4500 ～ 5500 毫升，一般来说，失血 800 毫升左右将出现头晕、脸色发白、乏力等早期休克症状；失血 1500 毫升以上将进入休克期而出现生命障碍；失血达 3000 毫升则会因为器官衰竭而发生生命危险。射中心脏显然会引起大量失血，从而导致中弹者失去知觉并在 10 秒左右死亡。

射中脊椎能致使目标立即失能并导致死亡，但不能可靠地防止目标将手中武器打响，除非射中的是肩胛骨以上的脊椎。

射中肝脏将引起中弹者大量失血，其效果类似于击中心脏。柔软的肝脏组织是非常脆弱的，它由于弹头冲击造成的临时气穴现象而特别易于受到破坏。这意味着哪怕是一发擦过的近弹也能造成严重的伤害。

射中肾脏同样能造成目标失能，肾脏是非常脆弱的器官，即使微小的创伤也能引起瘫痪性疼痛。就像肝脏一样，缺乏弹性的肾脏也很容易受到临时气穴现象的伤害。

虽然呼吸困难会限制机动性，疼痛也可能减低目标的作战效能，但射中肺部不一定会导致大量失血或昏迷。就像其他有弹性的组织一样，肺部在受到临时气穴现象伤害时很容易拉伸，因而受到损害不大。

虽然射中骨骼可能造成疼痛和行动受限，但若想有意达到某种效果却不容易。所以，射击骨骼是万不得已而为之。

狙击手要尽量在目标人物转身或面朝自己时开火，这样能增加射中脆弱部位的机会。因为从目标身体的一侧射中时，手臂骨骼可能会减弱穿透效果，或使弹头偏转而离开身躯的主要部分。如果没有阻碍的话，颈部和肾脏是比较理想的射击部位。

训练场上的美国陆军两人狙击小组

正在进行射击训练的美国海军陆战队狙击手

## 非人体目标

除了狙杀有生目标，破坏敌方物资和设备也是狙击手的重要任务。对于机械化部队而言，非强化装甲的一般车辆都能由 7.62 毫米口径的狙击步枪造成致命性破坏，以常见的 2.5 吨载重卡车而言，直接射击水箱、轮胎会造成车辆无法行驶，但若直接射击油箱则会使车辆产生爆炸，若车辆装载的是油料、弹药等高易燃性物质则可造成更大的破坏。

若是整队的坦克，狙击手当然无法使用狙击步枪击毁目标，但可尝试狙杀敌方车长。狙杀时应按由后向前的顺序，根据经验，在 45 秒内即使是同车乘员也无法判断出车长是否已经遭袭身亡，而前车更是非经呼叫 3 ～ 5 分钟不会发现后车的动态，这段时间内被狙杀的车长恐怕不是一两个了。若坦克以紧闭舱盖方式前进，狙击手也可利用击毁通信天线或击爆车外副油箱的方式，逼使车内人员离开车体后再逐一狙杀。

对付直升机时，击毁其光电观测器就等于毁其耳目，而击毁其主旋翼与尾旋翼则如同废其四肢，若是击毁接近排气孔部位的变速齿轮箱与液压管，也会造成直升机失事坠机。另外，射击火箭弹仓造成火箭内燃，使弹药在未脱离机身前爆炸，也是击毁直升机的方式之一。

　　通信车等高精密装备的破坏则更为简单，电源车、冷却器、通信天线与精密电路、晶片所在位置随便一发子弹都可以对这些价值不菲的装备造成致命性破坏。其他如油料堆放点、车辆调度场与弹药堆积所等场所，也可用狙击步枪加以破坏。以油料堆放点而言，首先以一发微声铅质软弹头击穿油桶但不使其爆炸，等油料大量外泄以后再以一发高爆弹、燃烧弹或曳光弹加以引爆。破坏性狙击任务的执行要诀就是先知道要打什么，再决定用何种弹药射击什么部位，三个条件都具备的话，任务便不难达成了。

使用M82反器材步枪的狙击手

使用卧姿进行射击训练的美军狙击手

## 2.7 | 战术运动训练

### 2.7.1 | 狙击手的运动姿态

一般的影视和资料照片中，狙击手总是处在"守株待兔"的伏击状态。这给人造成一种错误的印象：狙击手的运动作战能力并不重要。其实，这种看法是不对的。"生命在于运动"这句话也一样适用于狙击手。在进入或者退出狙击阵地的时候，狙击手的运动作战技能至关重要。而狙击手担负的战斗区域狙击巡逻、防御性前出狙击、主动反狙击作战等重要的战术使命，也都很考验狙击手的运动作战技能。一般来说，狙击手的运动姿态主要有以下几种。

**直立步行**

一般来说，直立步行的运动姿态只有在狙击手没有进入战斗状态时才能使用。另外，为了配合周围环境，狙击手也会使用直立步行的运动姿态在战区行动。

在森林中直立步行的狙击手

### 爬行前进

　　爬行前进适用于通过植被比较低或者比较平坦空旷的地方。这种运动姿态的移动速度虽然适中，但视野不太好，动作也不是很灵活。由于上身与地面是平行的，所以狙击手头部的位置不能太高，想获得好的视野就必须抬头。而反复抬头的动作，很容易引起敌人的注意。爬行前进时，还要注意膝盖要向两边伸展，移动时不能将臀部撑起来，以免成为敌人的射击目标，而臀部中弹后会直接影响狙击手的行动能力。另外，狙击步枪应该横向捧在双手上，瞄准镜在内侧避免碰撞。

爬行前进的印度陆军狙击手

### 猴子跃进式

　　猴子跃进式是指用惯用手握持狙击步枪，以较低的高度平行于地面，另一只手配合两脚移动。配合移动的手不能离开地面，以便保持狙击手运动姿态的高度，只要手不离开地面，就能保证狙击手不会在不经意间抬起上半身来。猴子跃进式适用于植被比较高的地方，如灌木丛、长草地等地形。这种运动姿态的移动速度较快，视野全面，动作较为灵活。由于惯用手持枪，一方面可避免手部受伤，另一方面出枪速度也较快。

采用猴子跃进式前进的狙击手

### 🔫 蜗牛行进式

　　蜗牛行进式的要点是只用前臂和脚尖移动，而且全身必须保持与地面接触（包括面部）。这种方式适用于近距离渗透，以伪装自己为第一要素。采用这种姿态前进时，狙击手的全身高度最低，移动速度最慢，除了前方以外，

狙击手根本看不见其他方向。不过，狙击手保持这种姿态能够与周围环境最大限度地融合，并且不容易发出声音，隐蔽性非常好。当然，这种姿态也非常消耗体力。

美国海军陆战队狙击手练习蜗牛行进式

上述几种运动姿态只是狙击手的几个标准姿态，在训练和实战中，还会有一些特殊的姿态，便于狙击手在某些复杂地形运动。

## 2.7.2 ｜狙击手的运动法则

狙击手不仅要根据作战环境选择合适的运动姿态，还应时刻牢记一些运动时的法则，这些法则是前辈狙击手在多次实战中获得的经验和教训，有助于狙击手保全自己的性命并顺利完成作战任务。

（1）尽量避免穿越空旷地带。任何伪装设备和任何专业的潜行技能在空旷地带都没有用武之地，因为空旷地带的危险在于其简单性，在这种地方，复杂的伪装反而容易暴露自己。同时，在空旷地带，由于干涉因素减少，人的视力也会提高，能轻易发现原本被忽视的东西——包括一名莽撞的狙击手。在因为某些重要原因不得不穿越空旷地带时，狙击手必须倍加小心，在尽量确认周围安全的情况下，必须利用沟渠或任何空旷地带可能存在的遮蔽物来隐蔽自己的行踪。

（2）注意野生动物。狙击手在移动时，移动路线应该尽量回避野生动物。这并不是因为野生动物的攻击性，而是因为它们非常容易受惊。而一旦惊动它们，则很可能引起敌人的注意。一旦被敌方大部队发现踪迹，狙击手几乎没有逃脱的可能。

（3）每次移动后必须检查和更换伪装。原因有三点：第一，适应新的埋伏地点的环境特点，不可能存在两片完全一样的树丛，上一个地点的良好伪装在这一个地点就有可能暴露自己；第二，消除自己的移动痕迹，移动过程中有可能已经出现了破绽，应该尽早抹去；第三，检查一下在刚才的移动中自己是否有疏漏的地方，比如临时伪装是否有脱落的现象等。

（4）移动前或移动中，要坚持如下行为顺序：观察、倾听、行动、中断、再观察。

（5）移动中必须考虑到所要穿行路径所生植物的摆动速度和摆动方式。例如，横向快速穿过一块正在被风吹动、纵向缓慢摇摆的荒草地，就是一件非常愚蠢的事情。

（6）移动中要不定时变换移动方向。这样可以让狙击手的移动路线变得更曲折，有助于避免可能的跟踪。而当狙击手穿过一片容易留下痕迹的地区时，应该尽量消除通过的痕迹。例如，通过长草地最好的时机是强风时，因为强风下长草的运动方式是没有规则的。否则为了隐蔽需要，狙击手只能顺风移动。

（7）尽量避免穿越道路。因为道路通常是敌人精力最集中的地方，而且根本无法隐蔽自己。如果必须穿越道路，一定要选择地势低的位置、下风方向、道路转弯处以及视野不开阔的位置。当然，穿越公路底部的排水沟是最好的选择。

（8）充分利用噪声或其他容易使人分心的事物来掩护自己的移动，如雷声、雨声、风声、火炮射击声、飞机引擎声，等等。这些声音都能有效遮盖狙击手移动所产生的声音。

（9）最好避免进入陡峭的地形、松软的地形和清晰的地形（如雪地），这些地形或者难以通过，或者通过后很容易留下引人注目的痕迹。

（10）随时留意自己的轮廓是否与周围环境搭配。这并不是指狙击手的伪装是否和周围环境协调，而是指狙击手的身体轮廓是否会破坏伪装效果。

在山区行走的狙击手

在开阔地带疾速奔跑的狙击手　　　　在多肉植物中匍匐前进的狙击小组

**2.8 | 手语训练**

在执行任务过程中，狙击小组大部分时间都处于观察和监视状态，为了避免暴露自身位置，狙击手和观测手很难通过语言交流，大多数时候都会采用手语交流的方式。另外，在野外秘密行进或是城市巷战中，同样要避免发出声音。以下是狙击小组常用的手语。

| 手势含义 | 手势动作 |
| --- | --- |
| 成人 | 手臂向身旁伸出，手部抬到胳膊高度，掌心向下。 |
| 小孩 | 手臂向身旁伸出，手肘弯曲，掌心向下固定放在腰间。 |
| 女性嫌疑犯 | 掌心向着自己的胸膛，手指分开呈碗状，寓意是女性的胸部。 |
| 人质 | 用手卡住自己的脖子，寓意是被劫持的人质。 |
| 指挥官 | 食指、中指、无名指并排伸直，横放在另一手臂上。 |
| 手枪 | 伸直大拇指及食指，互成 90 度，呈手枪姿势。 |
| 自动武器 | 手指弯曲成抓状，在胸膛前上下扫动，像弹奏吉他一样。 |
| 门口 | 用食指由下方向上，向左再向下，做出开口矩形的手势，代表门口的形状。 |
| 窗户 | 用食指由下向上，向右，向下再向左做出一个闭合矩形的手势。 |
| 听到 | 举起手臂，手指间紧闭，拇指和食指触及耳朵。 |

（续表）

| 手势含义 | 手势动作 |
| --- | --- |
| 那里 | 伸开手臂，用食指指向目标。 |
| 掩护我 | 把手举到头上，弯曲手肘，掌心盖住天灵盖。 |
| 放催泪弹 | 手指分开呈碗状，罩住面部的鼻子和嘴巴。 |
| 集合 | 手腕作握拳状，高举过头顶上，食指垂直向上竖起，缓慢地作圈圈运动。 |
| 推进 | 弯曲手肘部位，前臂指向地上，手指紧闭，从身后向前方摆动。 |
| 明白 | 手腕举到面额高度并作握拳状，掌心向着发指令者。 |
| 发现狙击手 | 手指弯曲，像握着圆柱状物体放在眼前，如同狙击手通过瞄准镜进行观察一般。 |
| 赶快 | 手部成握拳状态，然后弯曲手肘，举起手臂做上下运动。 |
| 看见 | 掌心稍微弯曲并指向接受信息的队员，手指间紧闭，将手掌水平放置在前额上。 |
| 检查弹药 | 手执一个弹夹，举到头顶高度，缓慢地左右摆动。 |
| 向我靠拢 | 伸开手臂，手指间紧闭，然后向自己身躯的方向摆动。 |
| 指令已收到 | 伸开手，大拇指和食指呈圆形状，同"OK"的手势相同。 |
| 下来 | 手臂向身旁伸出，手肘弯曲，掌心向下摆动至腰间高度。 |
| 撤退 | 胳膊垂直向下，握拳向后摆动。 |
| 安静 | 作握拳手势，竖起食指，垂直置于唇上。 |
| 单纵队 | 举起手臂，手肘弯曲，手掌垂直，前后作劈砍动作。 |
| 双纵队形 | 手肘弯曲，手举至头部，并且作握拳状，食指和中指伸出作钩状，前后摆动。 |
| 横向纵队 | 手部作握拳状，水平横向伸出手臂。 |
| V字队形 | 前臂和身体垂直，手掌左右向下摆动。 |

## 2.9 实战训练

狙击手的训练是一种形式多样、范围很广的训练，要想成为一名杰出的

狙击手，不仅要经过严格的训练，还要有与生俱来的天赋和大量的实战经验，也就是说狙击手的训练要与实战相结合，不断地训练，不断地实战，才能切实提高自己的狙击作战能力。

狙击手的一切训练都是为实战而准备的。只有勤学苦练参加作战行动的时候，狙击手才能根据平时的训练，有序且熟练地采取应对措施，并狙杀敌人。虽然平时训练的要求很严格，但对新手而言，往往也会忙中出错。此外，作战形势也瞬息万变，狙击手作战中遇到的情况也是多种多样，能够在突发状况下沉着迅速地处理险情，往往是最见本领的时候。

尽管遇到的作战环境千差万别，不过狙击手作战仍然有一定的规律可循。一般情况下，狙击手作战应按照相应的顺序来确定和击杀目标，基本步骤如下。

（1）狙击小组进入作战区域之后，应当迅速确定目标或者目标的运动路线，熟悉周围的环境。

（2）确定目标及其运动路线并熟悉环境后，狙击手应当寻找一个有利的潜伏阵地。选择这种阵地主要有以下几个方面的要求：首先是有利于狙击，阵地上便于两脚架的稳固放置；其次是视野开阔，这样才能够更好地观察和瞄准敌人；再次是必须确定阵地的隐蔽性，如果能够被敌人很容易地观察到，那么狙击行动的成功率会大大降低；然后是有利于撤离或者有利于狙击手在多个有利狙击点之间的运动。

（3）估计射程。其实这个步骤在第二步选择阵地时就已经有所涉及，如果敌人超出狙击距离，那么再好的阵地也将毫无用处。只不过第二步中只估计了大致距离，而在本步骤之中，狙击手应当更加准确地估计好狙击距离。不同的狙击手在估计距离时采用的方法可因个人的习惯而异，但有一点必须注意，估计距离必须精确，因为在远距离狙杀目标，估计错误会导致目标落靶。

（4）确认目标。确认目标就是狙击手和观测手用光学设备确认目标及其运动轨迹的特征。狙击手关注点主要是瞄准镜内的目标，观测手负责将周围环境的变化和敌军动向告知狙击手。如果出现多个目标，军队狙击手必须确立目标的重点，而警队狙击手则可用这个步骤确认嫌犯的身份。在这段时间内，狙击手同时应当调整心态，尽可能地冷静下来。

（5）测算风向和风速。在狙击手密切关注目标动向的时候，观测手须估计风速和风向。从观测手那里获得风速和风向之后，狙击手调整狙击步枪，适应目标。如果作战环境发生重大变化或敌方目标有异动，那么狙击手就应当考虑是否更换阵地或是否取消任务。

（6）瞄准目标并开火。对于狙击手来说，从发起攻击到命中目标通常不到 10 秒时间。不过，这一市极其考验功底，狙市手必须有十二分的把握，尽量做到首发命中。其中最重要的是攻击时机的选择。

（7）短暂的沉默。狙击手发起首次攻击之后，不管是否得手，都应当继续趴着不动。观测手这个时候率先要确认是否已经击杀目标，并细心察看周围环境的变化。如果没能命中目标，那么必须等到观测手快速作出评估之后，狙击小组再考虑是否有条件再次实施攻击。如果无法在这个阵地上实施攻击，那么就必须立即更换阵地。如果已经没有条件继续攻击，就必须考虑撤离作战区域。

（8）重新装弹并继续攻击。根据观测手的评估，如果狙击手可以继续执行任务，那么就应当重新估计风速和距离，并再次攻击目标。再次攻击之后，观测手应当再次确认目标是否被击毙，并评估环境及是否仍然有继续执行任务的机会。但这种机会已经非常渺茫，除非敌人对反狙击战术一窍不通，否则如果现在还不撤离，等待整个狙击小组的将是毁灭性的结果。

（9）攻击其他目标。实际上，很多资深狙击手对在作战任务中能开多少枪都存在着争论，主要原因是各自技术水平的千差万别。狙击小组最好的作战方式是在得手以后悄悄地溜走。如果敌人已经处于攻击距离之内，那么就不得不考虑击杀威胁最大的目标，然后强制撤离。

以上便是狙击手攻击目标的一般流程。在执行任务的过程当中，非常考验狙击手的判断力。说起来很简单，但真正能够做到十拿九稳，又安全脱身的，必定是那些训练有素、作战经验丰富的老手。

正在进行实战训练的美国陆军狙击手　　正在进行实战训练的法国陆军狙击手

潜伏中的约旦陆军狙击手

精心伪装后的日本陆上自卫队狙击手

在草丛中监视目标的两人狙击小组

# 第3章

# 狙击手的作战装备

狙击手之所以让敌人闻风丧胆，除了其具有出色的狙击技巧、优秀的身心素质，也得益于他们配备的精良作战装备。狙击手配备的作战装备种类丰富，不仅有威力惊人的狙击步枪，还有各类用于瞄准、观测、通信、伪装和野外生存的装备，这些作战装备是狙击手顺利完成各种作战任务的有力保障。

# 3.1 作战装备概述

为了顺利执行作战任务，军队狙击手必须根据任务时限，携带足够分量的水、食物和相应的装备。虽然军队狙击手有的时候可以依赖友军的交通工具前往阵地，但不少情况下，军队狙击手面临的都是恶劣的地形和作战环境，风餐露宿少不了，长时间野外行军更是家常便饭。因此，一般情况下，军队狙击手应当携带 5 天左右的水、食物和相应补给。

相比之下，警队狙击手不需要那么长的时间。由于需要注意力高度集中，警队狙击手精神上的疲劳远远高于身体上的疲劳。一般来说，警队狙击手最长盯梢时间不应超过 4 小时，超过 4 小时之后就应被阵地上的其他人员轮换。警队狙击手可以轮换休息，但不能撤出阵地。而执行任务超过 8 小时后，极度疲劳的警队狙击手便不宜继续执行任务。因此，警队狙击手通常的作战时间为 8 小时左右，但一般他们都会携带至少 24 小时的补给，以应对突发情况。

狙击手在出发前一般要准备好武器、光学瞄准设备、测距仪、伪装用具、食物和水等。但从体能上来看，狙击手通常无法携带所有装备，而应根据作战任务的需求精心选择。一般情况下，狙击手的任务主要分为两大类：一类是有事先计划的任务；另一类是敌人采取行动时，狙击手进行的反制性作战。前一类任务中，狙击手可以从容地做好准备，但在第二类任务时，需要快速赶往现场，用于准备的时间非常少。为了顺利执行这两类任务，狙击手需要挑选好基本装备，这些装备是狙击手在大多数时间里都能够用到的。通过挑选好基本装备，狙击手能够随时进行应急出动。如果任务是在事先计划好的情况下执行的，那么狙击手就可以根据任务的特性来挑选自己需要的装备，不同的任务装备也不同。

狙击手用于装东西的物品主要有以下几种：战术背心，通常使用尼龙材料制成，不管战术形势如何，都需要随身携带，里面有用于射击、生存和通信的装备，可满足最低层次的作战需求；杂物袋或小背包，一般只有警队狙击手才会使用；大背包，用于装载 24 小时以上作战行动的补给；装狙击步枪的箱子和袋子，可以防止狙击步枪的瞄准镜等设备在行军或运输途中被破坏。

战术背心里可以装载的设备包括：步枪零部件、步枪弹、匕首、催泪弹、手持无线电台、激光测距仪、小型望远镜、指北针、手电筒、信号灯、温度计、耳罩、伪装油彩、哨子、餐盒（需装满食物）、水袋、牛肉干、口香糖、杀虫剂、绷带、铅笔、笔记本等。

小背包里可以装载的东西包括：瞄准镜、双筒望远镜、护膝、折叠锯、帐篷、润滑油、擦枪布、电池、手套、小型发烟弹、化学暖手设备、胶带、轻型三脚架、测速仪、罐装果汁和食物等。大背包里可以装载的东西包括：防弹衣、帐篷、垫子、大型三脚架、丛林帽、备用弹药、伪装设备等。

弹药方面，警队狙击手一般在战术背心里装 20 ～ 40 发子弹，另外在背包里还有备用弹，但是一般情况下携带子弹总数不会超过 60 发。军队狙击手携带的子弹要多一些，战术背心里装的子弹一般为 40 ～ 60 发，而总数则达到 100 ～ 120 发。

除上述装备之外，狙击手还应携带的装备包括："凯夫拉"头盔、吉利服、防毒面具、睡袋、伪装网、照相机、摄像机、夜视仪和长焦镜头。为防止迷路，还应携带导航设备。除此之外，还有许多小杂物。当然，狙击手不可能全部携带，如果任务时间较短，携带基本装备即可。如果需要长时间野外行军和潜伏，则应将该带的装备都配备齐全，尤其是食物、水、保暖防冻的衣物或睡袋，还有确保枪械备便状态所需要的零部件和维护工具。

身背狙击步枪的狙击手

全副武装的英国陆军狙击手　　　　手持狙击步枪的瑞典陆军狙击手

一名军队狙击手携带的基本装备　　携带大背包攀登山崖的俄罗斯狙击手

## 3.2 | 武器和弹药

### 3.2.1 | 狙击手的武器

　　毫无疑问，狙击手的主要武器就是手动或半自动狙击步枪，同时配备手枪（或微型冲锋枪）用于自卫。而狙击小组中的观测手主要配备全自动或半自动步枪、手枪（或微型冲锋枪），部分观测手也会配备狙击步枪以在狙击手失误时补枪，或轮流当值狙击手以减少疲劳。

分别配备狙击步枪和自动步枪的狙击手和观测手

## 主要武器：狙击步枪

　　根据军方或执法部门的定义，狙击步枪通常是指准确度与射程比一般步枪更高更远的精密型步枪。狙击步枪不仅仅是杀伤敌方人员的大杀器，还可以起到普通步枪无法达到的战术作用。例如狙击步枪可以通过对坦克乘员、油箱、潜望镜和通信设备的射击使其丧失战斗力；可以通过击毁关键设备来迟滞敌方基地的作战行动等。另外，类似弹药库、油料库、指挥部等薄弱环节也是狙击手的高价值战术目标。

按照工作原理，狙击步枪通常分为半自动和手动两种。在现代军队中，半自动狙击步枪主要作为高精度步枪装备在步兵班建制里，对中等距离内的重要目标进行射击，担负班组支援武器的任务，在战斗中通常配置在前沿阵地上。因此，半自动狙击步枪不仅需要有较高的精度，而且要追求一定的射速，以提高火力密度，因而采取半自动装填方式。

手动狙击步枪主要装备单独编制的专业狙击手，配置在纵深隐蔽阵地，对中远程重要目标实施打击。另外，专业狙击手另一项重要任务就是反狙击行动，在狙击手的对决中，基本没有打第二枪的机会，所追求的是极高的射击精度，而不是射速。因此，采取旋转后拉枪机、手动闭锁是减少机件运动、提高射击精度的重要手段。同时，部分发达国家还专门研制了狙击步枪专用弹药来提高射击精度。

按照使用环境与单位，狙击步枪又可分为军用与警用两种。由于作战需求不同，军用狙击步枪与警用狙击步枪在设计时的侧重点也有所不同。由于执法单位常常处理暴徒与人质交错的劫持事件，经常在街道与建筑物中与暴徒交火，战斗距离一般比军队狙击手短。因此，警用狙击步枪在射程上的要求没有军用狙击步枪那么严格。虽然军用狙击步枪与警用狙击步枪都要求高精度，但由于人质解救任务的特殊性，执法单位对狙击步枪精度的要求非常严格。

一般来说，军用狙击步枪通常要求结实耐用、可靠、坚固、容许粗暴操作、零件可交互使用，在精密程度上不如警用狙击步枪。另外，由于军队狙击手执行特定任务时必须枪不离人、人不离枪，军用狙击步枪的重量已成为狙击手能否完成任务的重要因素，因此军用狙击步枪往往会考虑便携性，而执法单位不需要长途奔袭，使用脚架的机会也比军人更多。

美国陆军狙击手使用狙击步枪练习射击

手持狙击步枪的美国陆军狙击手

美国海军陆战队狙击手使用狙击步枪练习射击

正在进行射击训练的加拿大陆军狙击手

## 🔫 辅助武器：手枪或冲锋枪

手枪是一种单手握持瞄准射击的短枪管武器，用于在 50 米近距离内自卫和突然袭击敌人。手枪是狙击手最常携带的辅助武器，当遭遇突然袭击的时候，狙击手可利用手枪进行快速反应并进行有力的还击。

与其他枪械相比，手枪的主要特点是：质量轻、体积小，便于随身携带；枪管较短，口径多在 7.62 ～ 11.43 毫米，也有采用小口径的，但大多采用 9 毫米口径，适合杀伤近距离内的有生目标；弹匣供弹，自动手枪弹匣容量大，多为 6 ～ 12 发，有的可达 20 发；多采用半自动（单发）射击，但也有少数手枪采用全自动（连发）射击方式。前者战斗射速为 30 ～ 40 发 / 分，后者战斗射速高达 120 发 / 分；结构简单，操作方便，易于大批量生产，成本低。正是因为这些突出的优点，手枪才被狙击手视为最好的自卫武器。

不过，手枪和狙击步枪一样没有办法在短时间对敌人进行强有力的火力压制，在面对冲锋枪和突击步枪的火力压制时显得很无力。因此，也有一些狙击手选择微型冲锋枪作为辅助武器。微型冲锋枪的特点是体积小、精度高、重量轻、弹匣容量大，有的微型冲锋枪还装备有消音器。微型冲锋枪的特点是体积远小于突击步枪，而火力远胜于手枪。

美国陆军狙击手使用手枪射击

狙击手在移动时使用手枪自卫

## 3.2.2 | 狙击步枪的结构

狙击步枪的结构与普通步枪基本一致，区别在于狙击步枪多装有精确瞄准用的瞄准镜；枪管经过特别设计，精度非常高；射击时多以半自动方式或手动单击发射。

### 👉 枪管

枪管堪称狙击步枪的灵魂，因为狙击步枪以精准为诉求，所以狙击步枪专用枪管在制造与加工上所需的精细度要高过一般枪械的枪管，在质量与重量上也比传统枪管的要求更严格，以避免从第一发弹药发射后的弹着点发生太大的改变。值得一提的是，狙击步枪专用枪管的枪膛不像突击步枪的枪膛一样有电镀铬防锈蚀的程序，这也是为了减少对弹着点的影响。

狙击步枪的枪管通常采用"浮置式"设计，即枪管不与护木等其他部分接触，直接与机匣连接。这种设计的优点在于枪管可以保持不受护木、脚架、枪背带甚至狙击手的手造成的干扰。有的狙击步枪其专用枪管的外端与普通枪管一样会加装防火帽，原则上当作防火帽用以抑制发射时枪口的火光，事实上是用来配重以及保护枪管遭到撞击时不会影响射击精确度。有的狙击步枪专用枪管还会加装肋条保持张力，以避免枪管受到高温影响（包括地面的

辐射温度与枪管发射温度的交互影响）而下垂。

　　狙击步枪专用枪管给人的第一印象就是它的长度。一般来说，枪管的长度与威力以及子弹初速成正比，军用狙击步枪都倾向将枪管长度定在 600 毫米左右，其优点表现为弹药燃烧的效果更好（以至于枪口没有必要特别加装防火帽抑制火光，使狙击手受到更好的保护），并且精准度与子弹初速也达到良好的结合。为了操作便捷，警用狙击步枪的枪管通常比军用狙击步枪的枪管更短，其威力比军用狙击步枪小，初速也低，但是由于警方与歹徒交火的距离较短，在短距离上往往警用狙击步枪的威力还大过预期标准。

美国 M82 狙击步枪（上）和 M16 突击步枪（下）外形对比图

### 枪托与托腮板

　　枪托上的托腮板是狙击步枪外形上的主要特征之一。大多数狙击步枪的托腮板都是可以调整上下间距的，由于每个狙击手脸部大小不同，加上瞄准镜又比照门的位置高，没有托腮板的协助，狙击手的瞄准线与弹道的交会点就会出现极大的落差，脸颊不丰腴或脸颊短小的狙击手在没有托腮板的协助下极有可能将弹着点落在目标的前方。

　　每个狙击手的生理特征都不同，除了脸型外，肱骨的长度也存在差异，因此有些狙击步枪的枪托除了托腮板高低可调之外也包括枪托长短可调，通常是将可调整的组件设置在枪托底板的部位。

可调节托腮板高低的枪托

### 🔫 其他配件

狙击步枪有一些很不起眼的小配件，却发挥着很重要的作用，如枪背带和脚架。在掩体后方以立姿或高跪姿（单膝跪地）射击时，甚至以卧姿射击却缺乏依托时，狙击手可凭借支撑枪支的手臂环绕扯紧枪背带，将枪支与身体紧密结合在一起，以降低枪支在握持时的摇晃。

狙击步枪往往还会搭配两脚架（也有三脚架）帮助稳定射击，不过使用脚架容易暴露狙击手位置。执行任务时，脚架往往由观测手携行，或者直接安装在枪支上。直接安装的脚架往往会造成枪支与藤蔓的缠绕或者接触到灌木丛发生噪音或震动，导致狙击手行踪与位置的暴露。因此，军用狙击步枪使用脚架时，狙击手必须注意观察现场地物的特征。

墨西哥陆军狙击手使用两脚架帮助稳定射击

美国陆军狙击手使用两脚架帮助稳定射击

## 3.2.3 | 狙击步枪的弹药

　　20 世纪 50 年代是西方国家狙击步枪弹药变化的分水岭：此前各国没有统一的弹药标准，美军使用 7.62×63 毫米春田子弹，英军使用 7.9×56.4 毫米子弹，德军采用 7.92×57 毫米毛瑟子弹。此后，北约各成员国统一使用 7.62×51 毫米 NATO 子弹，而美国海军陆战队直到 20 世纪 60 年代依旧使用

7.62×63 毫 米 春田子弹。苏联此时也进行了弹药规格改革，狙击步枪所需要的高威力子弹继续使用 7.62×54 毫米 R 子弹。此外，还配备了弹头含有钢芯的 7N14 子弹。

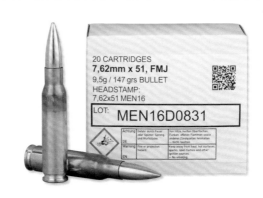

7.62×51 毫米 NATO 子弹

7.62×54 毫米 R 子弹

20 世纪 90 年代，针对一般民用猎枪开发的 .300 Winchester Magnum（7.62×67 毫米）子弹问世，由于具备 1100 米的有效射程以及 915 米射程时享有 1 角分的精准度，再加上 907 米 / 秒的高初速，在上市后不久便被美国军方相中。至于 .338 Lapua Magnum（8.6×70 毫米）的子弹，其有效射程更长达 1750 米，在 1000 米的距离上还能击穿防弹背心，同样也变成狙击手的最爱。

.300 Winchester Magnum 子弹

由于狙击手以 2 ～ 3 人为一小组，在战场上享有极大的机动性与弹性，甚至享有极大的渗透自主性，所能遇到的战术良机（含有战略性效果）比一般部队多，因此狙击手的任务往往不会局限于击毙敌方人员。当狙击手在战场中发现敌方重要物资或器材，如秘密的车辆停放处、野战机场、油料库、弹药库、野战雷达站等，狙击手便可使用大口径弹药，如 12.7×99 毫米 NATO 子弹、12.7×108 毫米子弹、14.5×114 毫米子弹，甚至使用 20 毫米弹药（如南非 NTW-20 狙击步枪）加以击毁。大口径弹药对于仅有轻度防护的车辆、器材甚至碉堡都具有击穿的能力，加上射程常以千米计算，使敌人难以估计可能的发射位置进行反制，狙击手也有足够的时间转移阵地或寻找掩护，而且当物资与器材遭到破坏时发生的爆炸也不至于危害到狙击手本身的安全。

## 3.2.4 | 经典狙击步枪鉴赏

### 美国 M24 狙击步枪

| 基本参数 | |
| --- | --- |
| 口径 | 7.62 毫米 |
| 全长 | 1092 毫米 |
| 枪管长 | 686 毫米 |
| 重量 | 5.6 千克 |
| 弹容量 | 5 发 |
| 有效射程 | 1500 米 |

M24 狙击步枪是雷明顿 700 步枪的衍生型之一，1988 年正式成为美国陆军的制式狙击步枪，并相继被阿根廷、阿富汗、孟加拉国、巴西、伊拉克、以色列、日本、马来西亚、菲律宾等国的军队采用。

M24 狙击步枪采用旋转后拉式枪机，闭锁可靠性好，枪体与枪机配合紧密，提供了较高的精度。其重型枪管为不锈钢制成，可以自由转动定位。机匣为圆柱形，与枪托里铝制衬板上的 V 形槽结合。机匣和枪口处装有基座，以便安装机械瞄具。枪托由合成材料制作，前托粗大，呈海狸尾形。枪托上有可调托底板，其伸缩范围约 6.9 厘米。枪托上还有较窄的小握把和安装瞄准镜的连接座。5 发内置弹仓可快速再装弹，解脱按钮装在扳机护圈的前部。此外，M24 狙击步枪还配有可卸式两脚架、消焰器、消声器，并可安装各种瞄准镜和夜视装置等。

M24 狙击步枪发射美国 M118 式 7.62 毫米特种弹头比赛弹。该枪的精度较高，有效射程可达 1500 米，但每打出一颗子弹都要拉动枪栓一次。M24 狙击步枪对气象条件的要求很严格，潮湿空气可能改变子弹方向，而干热空气又会造成子弹打高。为了确保射击精度，该枪设有瞄准具、夜视镜、聚光镜、激光测距仪和气压计等配件，远程狙击命中率较高，但使用较为烦琐。

### 美国 M40 狙击步枪

| 基本参数 | |
| --- | --- |
| 口径 | 7.62 毫米 |
| 全长 | 1124 毫米 |
| 枪管长 | 610 毫米 |
| 重量 | 7.5 千克 |
| 弹容量 | 5、10 发 |
| 有效射程 | 800 米 |

M40 狙击步枪是雷明顿 700 步枪的衍生型之一，是美国海军陆战队自 1966 年以来的制式狙击步枪，其改进型号目前仍在服役。除了美国外，巴西、埃及、马来西亚、克罗地亚、缅甸、黎巴嫩和洪都拉斯等国的军队也有采用。

M40 狙击步枪是一种手动狙击步枪，最初采用重枪管和木制枪托，以整体式弹仓供弹。扳机护圈前边嵌有卡笋，用于分解枪机。弹仓底盖前部的卡笋则用于卸下托弹板和托弹簧。该枪装有永久固定式瞄准镜，放大率为 10 倍。

1977 年的 M40A1 和 2001 年的 M40A3 将枪托材料换为玻璃纤维。M40A3 还在枪托中采用了可调贴腮板组件和后坐衬垫，提高了射手射击时的舒适度，但重量也相应增加。

早期的 M40 狙击步枪全部装有雷德菲尔德 3 ～ 9 倍瞄准镜，但瞄准镜及木制枪托在越南的炎热潮湿环境下，出现受潮膨胀等严重问题，以至无法使用。之后的 M40A1 和 M40A3 换装了玻璃纤维枪托和翁厄特尔（Unertl）瞄准镜，加上其他功能的改进，逐渐成为性能优异的成熟产品。据称，在美国海军陆战队的狙击作战中，即使用力敲击该枪的瞄准镜，其零位也会保持不变。

### 美国 M82 狙击步枪

| 基本参数 | |
| --- | --- |
| 口径 | 12.7 毫米 |
| 全长 | 1400 毫米 |
| 枪管长 | 740 毫米 |
| 重量 | 14 千克 |
| 弹容量 | 10 发 |
| 有效射程 | 1800 米 |

　　M82 狙击步枪是美国巴雷特公司研制的半自动狙击步枪 / 反器材步枪，美军称其为"重型特殊用途狙击步枪"（Special Application Scoped Rifle，SASR）。该枪以其射程远、精度高、威力大等优点，在 12.7 毫米狙击步枪市场上几乎占据了统治地位，装备了数十个国家的军警部队。

M82 狙击步枪采用气动式工作原理，射击时枪管将后坐约 25 毫米，并由回转式枪机安全锁住。短暂后坐后，枪栓被推入弯曲轨，然后扭转将枪管解锁。解锁后，枪机拉臂瞬间退回，枪管转移后坐力的动作完成循环。之后枪管固定且枪栓弹回，弹出弹壳。当撞针归位，枪机从弹匣引出一颗子弹并送进膛室，而扳机弹回撞针后方位置。该枪的膛室分为上、下两部分，由薄钢板冲压而成并以十字栓固定。枪管设有凹孔用于散热和减重，并装有枪口制动器。

M82 狙击步枪具有超过 1500 米的有效射程，甚至创过 2500 米的命中纪录，超高动能搭配高能弹药，可以有效摧毁各类战略物资。除了军队以外，美国很多执法机关也钟爱此枪，包括纽约警察局，因为它可以迅速拦截车辆，一发子弹就能打坏汽车发动机，也能打穿砖墙和水泥，适合城市战斗。美国海岸警卫队还使用 M82 狙击步枪进行缉毒作战，有效打击了海岸附近的高速运毒小艇。

### 美国 TAC-50 狙击步枪

| 基本参数 | |
| --- | --- |
| 口径 | 12.7 毫米 |
| 全长 | 1448 毫米 |
| 枪管长 | 736 毫米 |
| 重量 | 11.8 千克 |
| 弹容量 | 5 发 |
| 有效射程 | 2000 米 |

TAC-50 狙击步枪是美国麦克米兰公司研制的手动狙击步枪／反器材步枪，被美国、法国、加拿大、土耳其、南非、菲律宾、以色列、约旦、格鲁吉亚等国的军队所采用。

　　TAC-50 狙击步枪采用旋转后拉式枪机，采用比赛级浮置枪管，枪管表面刻有线槽，枪口装有高效能的制动器，以缓冲 12.7 毫米口径枪弹的强大后坐力。该枪由可装 5 发子弹的可分离式弹仓供弹，采用麦克米兰的玻璃纤维强化塑胶枪托，枪托前端装有两脚架，尾部装有特制橡胶缓冲垫，整个枪托尾部可以拆下以方便携带。握把为手枪型，扳机是雷明顿扳机。TAC-50 狙击步枪没有机械照门及默认瞄准镜，而加拿大军队采用 16 倍瞄准镜。

　　TAC-50 狙击步枪使用 12.7×99 毫米北约标准子弹，破坏力惊人，狙击手可用来对付装甲车辆和直升机。2002 年，加拿大军队的罗布·福尔隆（Rob Furlong）下士在阿富汗山区使用 TAC-50 狙击步枪在 2430 米距离上击中一名塔利班武装分子 RPK 机枪手，创出当时最远狙击距离的世界纪录，至 2009 年 11 月才被英军下士克雷格·哈里森以 2475 米的距离打破。

### 美国 M110 狙击步枪

| 基本参数 | |
| --- | --- |
| 口径 | 7.62 毫米 |
| 全长 | 1029 毫米 |
| 枪管长 | 508 毫米 |
| 重量 | 6.91 千克 |
| 弹容量 | 10、20 发 |
| 有效射程 | 1000 米 |

　　M110 狙击步枪是美国奈特军备公司推出的 7.62 毫米口径半自动狙击步枪，曾被评为"2007 年美国陆军十大发明"之一。

　　M110 狙击步枪采用加长型模块化导轨系统，直接固定在上机匣上，使导轨和机匣一体化，比以往的导轨更稳固，射击时的震动和重复装卸时产生的偏差很小，而且下导轨也可自由装卸。此外，M110 狙击步枪的弹匣释放按钮和保险、拉机柄均可两面操作。为防止被热成像仪发现，M110 狙击步枪从武器到附件表面均为深土黄色。

　　在阿富汗和伊拉克执行作战任务的美军都装备有 M110 狙击步枪。有的士兵认为，M110 狙击步枪的半自动发射系统过于复杂，反不如运动机件更少的 M24 狙击步枪精度高。一般情况下，配用 7.62 毫米弹药的 M24 狙击步枪最大有效射程为 800 米，配用相同弹药的 M110 狙击步枪的有效射程虽然达到 1000 米，但射击精度却明显不如前者。一些狙击手表示，为了杀伤敌人，他们不得不冒着暴露自身的危险多次射击，有时甚至被迫重新使用更为稳定的 M24 狙击步枪。

### 俄罗斯 SVD 狙击步枪

| 基本参数 | |
| --- | --- |
| 口径 | 7.62 毫米 |
| 全长 | 1225 毫米 |
| 枪管长 | 620 毫米 |
| 重量 | 4.3 千克 |
| 弹容量 | 10 发 |
| 有效射程 | 800 米 |

SVD 狙击步枪是苏联枪械设计师叶夫根尼·德拉贡诺夫研制的半自动狙

击步枪，1963 年开始服役，主要用户为苏联和俄罗斯军队，另有 30 多个国家进行仿制或特许生产。

SVD 狙击步枪采用导气式工作原理，其发射装置可以看作是 AK-47 突击步枪的放大版本，但比前者更加简单。为了提高射击精度，SVD 狙击步枪采用短行程活塞设计方式，导气活塞单独地位于活塞筒中，在火药燃气压力下向后运动，撞击机框使其后坐，这样可以降低活塞和活塞连杆运动时引起的重心偏移。由于 SVD 狙击步枪发射的弹药威力比 AK-47 突击步枪配用的弹药威力大得多，因此重新设计了枪机机头，并强化以承受高压。不过由于只能单发射击，所以击发装置比较简单。该枪在准星座下方有一个刺刀座，可选择性地安装刺刀，这一点与目前绝大多数狙击步枪都不一样。

由于 SVD 狙击步枪是基于二战和二战后的一些局部战争的经验开发，要求狙击步枪兼顾精度、射速、重量、可靠、低造价等要求，而且当时的枪械制造技术也较为落后，因此以今天的作战需求来说已开始过时了，常被认为只是精确射手步枪。为了应付不同的任务需要，俄罗斯目前正以各种不同的新型狙击步枪来代替单一的 SVD 狙击步枪。

## ☞ 俄罗斯 VSS 狙击步枪

| 基本参数 | |
| --- | --- |
| 口径 | 9 毫米 |
| 全长 | 894 毫米 |
| 枪管长 | 200 毫米 |
| 重量 | 2.6 千克 |
| 弹容量 | 10、20 发 |
| 有效射程 | 400 米 |

VSS 狙击步枪是苏联于 20 世纪 80 年代研制的微声狙击步枪，VSS 是 Vinovka Snaiperskaja Spetsialnaya 的缩写，意为"特种狙击步枪"。该枪隐蔽性强，除了可以半自动单发狙击射击之外，在必要时也可全自动发射。

VSS 狙击步枪是以 AS 突击步枪为基础改进而来，两者的结构原理完全一样。在外形上，两者的区别主要是枪托和握把的不同。VSS 狙击步枪取消了独立小握把，改为框架式的木质运动型枪托，枪托底部有橡胶底板。此外，两者的弹匣可以通用，但 VSS 狙击步枪的标准配备是 10 发弹匣。AS 突击步枪虽然也可以发射 SP-6 和 PAB-9 子弹，但主要是发射便宜的 SP-5 普通弹。VSS 狙击步枪也可以发射 SP-5 普通弹，但主要是发射 SP-6 穿甲弹。

与 AS 突击步枪一样，VSS 狙击步枪也是专为特种部队研制，已经装备了俄罗斯的特种部队及执法机构的行动单位，而且在各地的武装冲突中得到了广泛的应用。

### 俄罗斯 SV-98 狙击步枪

| 基本参数 | |
| --- | --- |
| 口径 | 7.62 毫米 |
| 全长 | 1200 毫米 |
| 枪管长 | 650 毫米 |
| 重量 | 5.8 千克 |
| 弹容量 | 10 发 |
| 有效射程 | 1000 米 |

SV-98 狙击步枪是由俄罗斯枪械设计师弗拉基米尔·斯朗斯尔研制、伊兹马什公司生产的手动狙击步枪，以高精度著称。该枪的结构设计处处着眼于狙击战术对高精度的要求，并可进行完全分解和不完全分解。

SV-98 狙击步枪质量较重，有利于减小跳动、提高射击稳定性；采用非自动发射方式，能避免枪机或枪管的运动影响射击精度；多档可调的脚架和枪托架，能在不同地形稳定架枪；灵活的枪托抵肩板和贴腮板，能让射击更舒适；可拆卸的消声器，既能减小暴露源，又能有效减小后坐；防反光带和消声器上的遮板，可降低被敌人发现的概率。

与 SVD 狙击步枪和 VSS 狙击步枪强调战术灵活性不同，SV-98 狙击步枪的战术定位专一而明确：专供特种部队及执法机构在反恐行动、小规模冲突等场合使用，以隐蔽、突然的高精度射击火力狙杀白天 1000 米以内、夜间 500 米以内的重要有生目标。

## 英国 AW 狙击步枪

| 基本参数 | |
| --- | --- |
| 口径 | 7.62 毫米 |
| 全长 | 1180 毫米 |
| 枪管长 | 660 毫米 |
| 重量 | 6.5 千克 |
| 弹容量 | 10 发 |
| 有效射程 | 800 米 |

　　AW 狙击步枪是英国精密国际公司研制的手动狙击步枪，AW 是 Arctic Warfare 的缩写，意为"北极作战"。该枪原本只有 7.62 毫米北约标准口径型，1998 年又推出了 5.56 毫米北约标准口径型。精密国际公司以 AW 狙击步枪为基础，陆续推出了一系列不同类型的狙击步枪，包括 AWP（警用型）、AWS（消声型）、AWM（马格南型）和 AW50（.50 BMG 口径型）等。除了英国外，还有其他超过 40 个国家购买了 AW 系列狙击步枪。

　　AW 狙击步枪的枪机操作快捷，只需向上旋转 60 度和拉后 107 毫米，这种设计的优点很明显：狙击手在操作枪机时头部能始终靠在托腮处，因而狙击手可以一边保持瞄准镜中的景象一边抛出弹壳和推弹进膛。而且该枪机还具有防冻功能，即使在零下 40℃ 的低温环境中仍能可靠地运作，而这一点也是英军的特殊要求。事实上，"北极作战"的名称便源于其在严寒气候下良好的操作性。

　　据称，AW 狙击步枪能达到 0.75 MOA 的精度，在 550 米距离上发射比赛弹的散布直径能小于 51 毫米。北约测试中心曾进行了 25000 发的可靠性测试，表明 AW 狙击步枪的枪管非常耐用。在不降低狙击精度的情况下，其枪管寿命可达 5000 发。

### 法国 FR-F2 狙击步枪

| 基本参数 | |
| --- | --- |
| 口径 | 7.62 毫米 |
| 全长 | 1200 毫米 |
| 枪管长 | 650 毫米 |
| 重量 | 5.8 千克 |
| 弹容量 | 10 发 |
| 有效射程 | 800 米 |

　　FR-F2 狙击步枪是法国地面武器工业公司在 7.62 毫米 FR-F1 狙击步枪的基础上改进而成的狙击步枪，1984 年年底完成设计定型，并逐步取代 FR-F1 狙击步枪装备法国军队。

　　FR-F2 狙击步枪的基本结构如枪机、机匣、发射装置都与 FR-F1 狙击步枪一样。主要改进之处是改善了武器的人机工效，如在前托表面覆盖无光泽的黑色塑料；两脚架的架杆由两节伸缩式架杆改为三节伸缩式架杆，以确保枪在射击时的稳定并提高命中精度。另外在枪管外增加了一个用于隔热的塑料套管，目的是减少使用时热辐射或因热辐射产生的薄雾对瞄准镜及瞄准视线的干扰，同时还降低了武器的红外特征，便于隐蔽射击。FR-F2 狙击步枪没有机械瞄准具，只能用光学瞄准镜进行瞄准射击，除配有 4 倍白光瞄准镜，还配有夜间使用的微光瞄准镜，从而使其具备了全天候使用性能。

　　FR-F2 狙击步枪在 FR-F1 狙击步枪基础上所做的改进使其总体性能得到极大提高，也使其成为当今世界最优秀的狙击步枪之一。该枪射击稳定性好、精度高、威力大，子弹初速可达 830 米 / 秒，而且声音较小，很适合隐蔽作战。另外，FR-F2 狙击步枪还装有防热装置，大幅提高了在恶劣环境下的可靠性。

## 德国 PSG-1 狙击步枪

| 基本参数 | |
| --- | --- |
| 口径 | 7.62 毫米 |
| 全长 | 1230 毫米 |
| 枪管长 | 650 毫米 |
| 重量 | 7.2 千克 |
| 弹容量 | 5、10、20 发 |
| 有效射程 | 800 米 |

　　PSG-1 狙击步枪是德国黑克勒·科赫公司研制的半自动狙击步枪，是世界上最精确的狙击步枪之一。该枪的主要使用者为德国警察部队和特种部队，此外还包括英国、美国、加拿大、马来西亚、日本、西班牙、挪威、印度尼西亚、波兰和委内瑞拉等国的军队和警察用户。

　　PSG-1 狙击步枪采用滚轮锁定、延迟反冲式半自动的枪机设计原理。为了在射击时依靠枪管自身的重量减小枪管的震动，使用了加厚的重型枪管，而且枪口部位没有安装消焰器、制动器之类的任何枪口装置。该枪大量使用高技术材料，并采用模块化结构，各部件的组合很合理，人机工效设计比较优秀。比如扳机护圈比较宽大，射手可以戴手套进行射击。重心位于枪的中心位置，全枪稳定性较好。此外，该枪长度较短，肩背时不易挂住障碍物，射手可以随意坐下或在林间穿行。PSG-1 狙击步枪的精度极佳，出厂试验时每支步枪都要在 300 米距离上持续射击 50 发子弹，而弹着点必须散布在直径 8 厘米的范围内。

PSG-1 狙击步枪的缺点在于重量较大，不适合移动使用。此外，其子弹击发之后弹壳弹出的力量相当大，据说可以飞出到 10 米之外。虽然对于警方的狙击手来说不是问题，但却很大程度上限制了其在军队的使用，因为这很容易暴露狙击手的位置。

## ☛ 瑞士 SSG 3000 狙击步枪

| 基本参数 | |
| --- | --- |
| 口径 | 7.62 毫米 |
| 全长 | 1180 毫米 |
| 枪管长 | 600 毫米 |
| 重量 | 5.4 千克 |
| 弹容量 | 5 发 |
| 有效射程 | 900 米 |

SSG 3000 狙击步枪是瑞士西格·绍尔公司于 1984 年推出的一款 7.62 毫米口径手动狙击步枪，在欧美国家的执法机关和军队之中比较常见，主要使用国为巴西、智利、哥伦比亚、捷克、挪威、斯洛伐克、美国和英国等。

SSG 3000 狙击步枪采用模块式构造，枪管和机匣为一个组件，而扳机组和弹仓为一个组件，主要零件都可以快速转换。该枪的枪管由碳钢冷锻而成，枪管外壁带有传统的散热凹槽，而枪口位置也带有圆形凹槽。扳机系统和弹仓连为一体，固定在机匣里。弹仓容量为 5 发，子弹呈单排排列，而不是时下流行的双排方式。SSG 3000 狙击步枪的两道火扳机既可以单动击发，又可以双动击发，其行程和扳机力可调。扳机上方的保险卡销将扳机、击针和枪机锁住。击针头上的膛内有指示销显示枪机已经闭锁。

SSG 3000 狙击步枪采用黑色的麦克米兰玻璃纤维枪托，并在枪身两侧有开槽。托底板的高、低、长、短可调，也可以偏移或倾斜，托腮板的高低也可调。前托下有安装两脚架和枪背带的导轨。SSG 3000 狙击步枪没有固定机械瞄准具，制式瞄准具是专门为其设计的亨索尔德（Hendsoldt）1.5 ～ 6×42毫米瞄准镜，也可换成北约标准瞄准镜座，安装其他瞄准镜。

### 🔫 奥地利 SSG69 狙击步枪

| 基本参数 | |
| --- | --- |
| 口径 | 7.62 毫米 |
| 全长 | 1140 毫米 |
| 枪管长 | 650 毫米 |
| 重量 | 3.9 千克 |
| 弹容量 | 5 发 |
| 有效射程 | 800 米 |

SSG 69 狙击步枪是奥地利斯泰尔·曼利夏公司研制的旋转后拉式枪机狙击步枪，目前是奥地利陆军的制式狙击步枪，也被不少执法机关所采用。

SSG 69 狙击步枪的闭锁方式为枪机回转式，开、闭锁时需人工将枪机转动 60 度。扳机为两道火式，扳机行程的长短和扳机拉力的大小均可进行调整。机匣后端上方的滑动型保险卡锁起枪机保险和击针保险的作用。该枪采用加长机匣，使枪管座的长度达到 51 毫米，从而使枪管与机匣牢固结合。枪管采用冷锻加工方法制造。枪托用合成材料制成，托底板后面的缓冲垫可以拆卸，因此枪托长度可以调整。供弹具为旋转式弹仓，可装弹 5 发。

SSG 69 狙击步枪的精准度约 0.5 MOA，大大超出奥地利军队最初提出的狙击步枪设计指标。无论在实战还是大大小小的国际比赛之中，SSG 69 狙击步枪都证明了它是一支精准度较高的狙击步枪。据奥地利宪兵突击队（GEK）中的狙击手称，SSG 69 狙击步枪可以在 100 米处命中一枚硬币、500 米处命中头像靶、800 米处命中胸环靶。不过，SSG 69 狙击步枪最大的优点表现为在保证精度的条件下减小了质量，很多口径相同且精度与 SSG 69 狙击步枪不相上下的狙击步枪的质量要大得多。

### 🔫 南非 NTW-20 狙击步枪

| 基本参数 | |
| --- | --- |
| 口径 | 14.5 毫米 /20 毫米 |
| 全长 | 1795 毫米 |
| 枪管长 | 1000 毫米 |
| 重量 | 31 千克 |
| 弹容量 | 3 发 |
| 有效射程 | 1800 米 |

NTW-20 狙击步枪是南非米切姆公司研制的超大口径狙击步枪 / 反器材步枪，可发射 20×82 毫米、14.5×114 毫米和 20×110 毫米三种规格的枪弹。

NTW-20 狙击步枪采用枪机回转式工作原理，枪口设有体积庞大的双膛制动器，可以保证将后坐力保持在可接受的水平。米切姆公司还设计了一种减震缓冲枪架，用于城区及相似环境中的反狙击作战。NTW-20 狙击步枪没有安装机械瞄准具，但装有具备视差调节功能的 8 倍放大瞄准镜。机匣下设有折叠双脚架，机匣上有一个提把和一个瞄准镜保护框架。NTW-20 狙击步枪配备可拆卸弹匣，从左侧插入。一般情况下，NTW-20 狙击步枪由两人携带并操作，两个手提箱中分别携带不同的套件，每组套件约 15 千克，一组携带枪架、枪托、枪身和双脚架，另一组携带枪管、瞄准器和弹匣。

NTW-20 狙击步枪的设计目标是成为一种可用于打击多种目标（如停放的飞机、通信桅杆、电源线、导弹阵地、雷达装置、炼油厂、卫星天线和人员等）的多用途狙击步枪，并可发射各种特殊弹药（如训练弹、高爆燃烧弹、穿甲燃烧弹等）。除了特种作战性质外的反器材任务外，NTW-20 狙击步枪也可以当作一种比轻型迫击炮更精准的支援武器，用以射击敌方的机枪阵地或碉堡等目标。该枪可以很容易地从一种口径转换到另外一种口径，只需将枪管、枪机、弹匣和瞄准镜等简单替换，在作战状态中大约不超过 1 分钟，灵活性非常强。

## 3.3 | 观瞄设备

### 3.3.1 | 瞄准镜

瞄准镜是提高狙击步枪精准度的主要辅助器材，也称光学瞄准装置（Optical sight）。瞄准镜的确切起源已经无法考证，据说至少在 16 世纪的欧洲，就已经有人尝试在枪托上固定眼镜镜片。有文字记载，在19世纪以前，火器上已经有了望远镜式的瞄准装置，可用于在弱光条件下的瞄准。到了19世纪40年代，一些美国枪械技工就开始制造带光学瞄准装置的枪械。1848年，美国人摩根•詹姆斯设计了一种与枪管同样长度的管形瞄准装置，该装置的后半部安装了玻璃透镜，并有两条用于瞄准的十字线。后来，类似的瞄准装置在美国内战中得到应用。但真正具有实用价值的瞄准镜，则诞生在1904年，由德国人卡尔•蔡司研制，并在一战中使用。在二战中，瞄准镜开始发展成熟。

卡尔•蔡司

发展至今，瞄准镜主要分为以下三类：望远式瞄准镜（Telescopic sight）、准直式瞄准镜（Collimating optical sight）、反射式瞄准镜（Reflex sight）。其中以望远式瞄准镜和反射式瞄准镜最为流行。这两类瞄准镜主要在白天使用，因此又被统称为白光瞄准镜（Day scope/sight），另外还有供夜间瞄准用的夜视瞄准镜（Night scope/sight），这种瞄准镜是在上述两类瞄准镜上加装夜视装置，而按夜视装置的种类，又可分为微光瞄准镜、红外瞄准镜（又可细分为主动红外和热成像两类）。

望远式瞄准镜具有放大作用，能看清和识别远处的目标，适用于远距离精确射击。由于常常用作狙击用途，因此又常常被称为狙击镜（Sniper scope）。望远式瞄准镜的光学系统仍然是沿用传统转象系统的开普勒式望远系统。基本结构是物镜、倒像透镜（转像镜）和目镜，再加上分划板组成。分划板上有瞄准标记，通过移动分划板或使用不同位置的分划来瞄准不同距离的目标。有些瞄准镜还有可变倍率功能，用较低的倍率搜索和瞄准近距离的目标，用较高的倍率射击远距离的目标。适用于狙击行动的可变倍率瞄准镜的最小倍率为 3 倍，最大倍率为 12 倍。

🔊 TIPS:

望远式瞄准镜分为固定倍率瞄准镜和可变倍率瞄准镜两类，如 4×28 毫米指的是物镜直径 28 毫米、固定放大倍率 4 倍的瞄准镜，而 3 ～ 9×40 毫米则是指物镜直径 40 毫米、可调整放大倍率从 3 ～ 9 倍的瞄准镜。

可变倍率望远式瞄准镜

美国海军陆战队狙击手使用的望远式瞄准镜　俄罗斯 PSO-1 望远式瞄准镜中显示的影像

　　反射式瞄准镜和望远式瞄准镜的原理不一样，其光学系统比较简单，通常没有放大系统，因此也没有倒像系统。这种瞄准镜还有另一个名称——红点瞄准镜（Red dot sight），因为这种瞄准镜的瞄准标记通常是一个红色或鲜橙色的光点，当然并非所有的反射式瞄准镜都采用光点作为瞄准标记，有的反射式瞄准镜则采用十字线、光环甚至其他造型。反射式瞄准镜的原理为：析光镜的凹面上镀有一层或多层析光膜，由照明系统发出的光线通过分划板然后在析光镜上形成圆点（或圆环等瞄准标记）并反射以平行光进入人眼，同时人眼透过析光镜看到目标，当瞄准标记与目标重叠时，即完成瞄准。反射式瞄准镜的照明系统有多种方式形成光源，包括电源、自然光或放射性同位素（如氚、钷）等。反射式瞄准镜通常有两种结构，一种为筒形，另一种为窗式。窗式结构比较简单，但析光镜完全暴露；筒形结构看起来和望远式瞄准镜很相似，析光镜被包在筒形镜体内，前后有物镜和目镜作保护。

反射式瞄准镜

准直式瞄准镜出现于20世纪70年代，到20世纪80年代初开始发展起来。准直式瞄准镜对付远距离目标时精度不佳，但在近战当中，尤其是射击运动中用于瞄准目标时在反应速度及精度上明显优于其他瞄准具，因此主要作为近战瞄准具使用。不过后来出现了更佳的反射式瞄准镜后，准直式瞄准镜就开始没落了。但由于这种瞄准装置价格比反射式瞄准镜低得多，因此现在还没有完全退出市场。

对于主要用于远距离射击的狙击步枪来说，望远式瞄准镜是必备的基本附件。一般来说，优秀的望远式瞄准镜具有以下几个特点：一是镜头表面镀膜层数多，多层镀膜的瞄准镜其透光性往往要优于单层或没有镀膜的瞄准镜，质量优良的瞄准镜通常有3～7层镀膜；二是分辨率高，即相同放大倍率下看到物体越清晰，分辨率就越高；三是头像边缘扭曲程度低，高质量的瞄准镜所观察到的图像不会产生任何扭曲现象，图像边缘和中心的亮度没有差异；四是方向和高低角的内部修正装置质量好，这些装置由钢材制成，以有效防止装置磨损；五是瞄准镜分划合理。瞄准镜分划对于提高整个狙击系统的射击精度非常重要，如果狙击手选用了合适的分划，再加上正确使用，将极大地提高远程射击的效果。

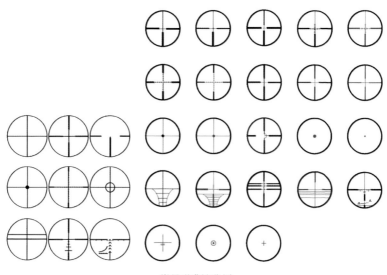

常见瞄准镜分划

狙击手使用狙击步枪瞄准镜观察目标

## 3.3.2 | 望远镜

　　望远镜是狙击小组的重要装备，通常由观测手携带和使用。望远镜是一种利用透镜或反射镜以及其他光学器件观测遥远物体的光学仪器，它的第一个作用是放大远处物体的张角，使人眼能看清角距更小的细节。第二个作用是把物镜收集到的比瞳孔直径（最大 8 毫米）粗得多的光束，送入人眼，使观测者能看到原来看不到的暗弱物体。

　　曾有美国陆军军官表示，"在美国陆军的狙击小组里，狙击手只是观测手的傀儡，他只负责扣动扳机，行动要听从观测手的指挥"。战场上，观测手由于其所使用的望远镜容易观测到盲点，不会因战场突发情况，使狙击手产生混乱，出现观测死角。可见，在真正的实战当中，观测手是狙击手的第二生命，而望远镜扮演的角色，正是观测手和狙击手真正的命运主宰。

　　在一般人的印象里，狙击步枪的瞄准镜必然是狙击小组中最精密的仪器。事实上，观测手所配备的望远镜的精密程度绝不逊于狙击手瞄准镜。一般来说，观测手望远镜和狙击手瞄准镜的倍率必须相同，甚至前者略高于后者。

这种配置主要有三个作用，一是方便识别目标是否为狙杀对象，二是有利于进行战损评判，三是可以尽量识破敌方伪装，因为狙击手的一大重要任务是杀死敌方的狙击手，所以倍率越高，对于细节的判定越有帮助。

除了放大倍率，观测手望远镜对分辨率的要求也很高。一个分辨率好的望远镜可以轻松识别远处敌人的军衔，而分辨率差的望远镜则无法做到。一般来说，两个望远镜在物镜的直径相等、光学镜片品质一样的条件下，目镜的镜头直径越大，分辨率越高。

此外，还有成像变形的问题。这点以前要求不是很高，但是随着国际上对狙击战术的重视和互相之间的激烈战斗，快速反应成为至关重要的一点，现在很多国家的观测手望远镜上都增加了分划板，其倍率和瞄准镜同步，在观测目标时，可以同时实现测距和射角的判读。而不是像过去一样，使用独立的测距仪。因为在测距的时候，就有可能被敌方的枪弹和炮弹击中。常规军用望远镜对成像变形没有太多的要求，但是随着分画线在观测手望远镜中的流行，成像变形的问题会对测距造成影响，桶形失真和枕形失真可使分划线和实际成像产生差异。因此，现在的观测手望远镜，其成像品质已经接近或等同于狙击手瞄准镜。

一般来说，狙击小组会配备一个单筒望远镜和一个双筒望远镜。单筒望远镜的放大倍率为 20 ～ 40 倍，一般都配有三脚架来保持稳定，主要用于远距离观察。双筒望远镜的放大倍率为 7 ～ 8 倍，主要用来概略观察，如观察地形、寻找和确定目标。

双筒望远镜　　　　　　　　　　单筒望远镜

手持双筒望远镜的美国海军陆战队观测手

使用双筒望远镜观察目标的美国陆军狙击手

使用双筒望远镜观察目标的美国空军狙击小组

手持单筒望远镜的狙击手

### 3.3.3 | 夜视仪

夜视仪（Night Vision Device）是以像增强器（微光探测器的一种，由安装在高真空管壳内的光电阴极、电子透镜和荧光屏三部分组成）为核心器件的夜间外瞄准具，分为主动式和被动式两种：前者用红外探照灯照射目标，接收反射的红外辐射形成图像；后者不发射红外线，依靠目标自身的红外辐射形成"热图像"，故又称为"热像仪"。

　　主动式夜视仪不受光照的限制，全黑情况下可以进行观察，且效果很好，价格便宜。不过，主动式夜视仪的观察距离近，在观察时很容易被对方发现，从而暴露自己，所以狙击手基本不会使用主动式夜视仪。

　　被动式夜视仪是根据一切高于绝对零度以上物体都有辐射红外线的基本原理、利用目标和背景自身辐射红外线的差异来发现和识别目标的仪器，由于各种物体红外线辐射强度不同、从而使人、动物、车辆、飞机等清晰地被观察到，而且不受烟、雾及树木等障碍物的影响，白天和夜晚都能工作。

　　夜视仪是狙击小组夜间作战时必不可少的装备，对观察和瞄准都有很大的帮助。不过，夜视仪是一种精密而脆弱的仪器，狙击手必须小心保护，以免影响作战行动。夜视仪忌讳在亮光下使用，虽然夜视仪在超载时会自动切断回路来保护设备，但暴露在强光下会缩短夜视仪的使用寿命。而暴露在雨、雾甚至高湿度环境中也会损坏夜视仪。为在晚上使用考虑，夜视仪的设计使它可以承受短时间的强光或潮湿状况，但无法长时间使用。另外，夜视仪中有非常精密的真空管，因此务必注意防止撞击和小心持握。

美国 AN/PVS-14 夜视仪

夜视仪显示的影像

## 3.3.4 | 激光测距仪

在狙击活动开始前，首先要做的事情是：尽可能精准地测距。在狙击小组中，测距任务通常由观测手完成。尽管观测手可以使用望远镜的分画线来测量距离，但这种做法并不是首选。在远距离作战中，一点小偏差就有可能造成几十米或更大的距离误差。因此，观测手通常会使用激光测距仪（Laser Rangefinder）来进测距。

激光测距仪是一种利用激光光束测定距离的仪器，一般采用两种方式测量距离：脉冲法和相位法。脉冲法测距的过程为：测距仪发射出的激光经被测量物体的反射后又被测距仪接收，测距仪同时记录激光往返的时间。光速和往返时间的乘积的一半，就是测距仪和被测量物体之间的距离。如果光在大气中传播的速度为 c，光在 A、B 两点之间往返一次所需时间为 t，A、B 两点之间的距离为 D，则 $D=ct/2$。脉冲法测量距离的精度是一般在 1 米左右。另外，此类测距仪的测量盲区一般在 15 米左右。

相位法激光测距仪是用无线电波段的频率，对激光束进行幅度调制并测定调制光往返测线一次所产生的相位延迟，再根据调制光的波长，换算此相位延迟所代表的距离。相位法激光测距仪一般应用在精密测距中，由于其精度高（一般为毫米级），为了有效反射信号，并使测定的目标限制在与仪器精度相称的某一特定点上，这种测距仪都配置有反射镜。

一般来说，激光测距仪不能在正式作战中使用，原因很简单，发出激光的观测手和目标都可以清楚地看到光线。不过，目前已有采用不可见光波作为光源的激光测距仪，可在不被敌方发现的情况下精准测量距离。

激光测距仪

携带激光测距仪的狙击小组

## 3.4 | 作战服装

### 3.4.1 | 盔帽

　　由于头盔体积大，不便于隐蔽，甚至会妨碍狙击手的射击动作，所以狙击手大多数时候都不会佩戴头盔。驻阿富汗英军的一位狙击手曾表示，军队统一配发的 Mk 6 和 Mk 7 两款头盔尺寸太差，狙击手戴上这种头盔，几乎无法从隐蔽的地方开枪。进行高难度射击的时候，有的狙击手会摘下头盔再开枪，自己却要面临安全风险。也有的狙击手干脆自行购买美国制造的头盔，因为尺寸合适，戴上以后不影响射击。

　　一般来说，狙击手佩戴的头盔必须具备轻便小巧、防护力强、伪装效果出色、方便安装战术配件等优点。以美国军队为例，狙击手配备了先进的模块化集成通信头盔（Modular Integrated Communications Helmet，MICH），这种头盔大量使用"凯夫拉"材料，不仅重量较轻，防护力也远超钢制头盔。MICH 主要有三种型号，MICH2000 为全护耳型、MICH2001 为无护耳型、MICH2002 为半护耳型。美军狙击手通常采用后两种型号。

比起头盔，各国狙击手更常佩戴的是奔尼帽（Boonie hat）。这种帽子十分方便，其宽大的圆边在沙漠可以遮阳、在雨林可以挡雨，在战场上可以避免弹片和沙砾落入衣领，不需要的时候还可以利用帽绳将两侧的圆边卷起。

近年来，世界上发生的战争、有限规模局部冲突的强度和烈度，都在持续下降，单兵头盔对流弹、弹片的防护要求也相应下降。对于长时间在丛林、山地、沼泽、雪地等复杂环境作战的狙击手来说，无论是钢盔，还是贝雷帽，都不如奔尼帽更适合狙击作战。

设有面部伪装布条的狙击手头盔

在训练时佩戴 MICH2001 头盔的美国陆军狙击手

不同图案的奔尼帽

头戴奔尼帽的狙击手

# 3.4.2 | 吉利服

狙击手在一般场合穿戴的军服与普通士兵没有太大区别，不同之处在于，狙击手在作战中往往会穿着他们的标志性服装——吉利服（Ghillie suit）。这是一种伪装服，外表跟灌木丛相似，它能有效地淡化人体轮廓，将其融入自然背景中。

吉利服的名字来源于一个叫吉利的苏格兰人，他是一位猎场看守人，经常使用吉利服来伪装自己，以便于打中猎物。吉利服最早应用于实战是一战时期，苏格兰贵族拉沃特组建了拉沃特侦察兵（Lovat Scouts），他们凭借着吉利服与德军狙击手战斗，吉利服使他们能有效地接近、观察和远距离射击。二战时期，吉利服的概念得到普及，甚至有一本手册专门讲解如何制作吉利服，此时吉利服改名为狙击手服（Sniper suit）。不过，美军狙击手直到 20世纪 80 年代才开始正式使用吉利服。

时至今日，吉利服已成为各国狙击手的标准装备。各国吉利服的构造大同小异，基本上就是一件装饰着麻布做成许多绳条的外套，这些绳条长为 15 ～ 45 厘米。完整的吉利服包括帽子、上衣和裤子，加起来共有成百上千条绳条。这些绳条有三个作用：淡化人体轮廓、模拟自然植物、为伪装服提供三维外观。吉利服的颜色和组成要随着环境不同而改变，细长的绳条可以很好地模拟杂草为主的环境，而在丛林中，要模拟阔叶林，就要用更宽大的绳条。

当然，吉利服也不是万能的。由于黏附有上千条绳条，它穿着非常粗笨，令狙击手行动受限。特别是在雨后，绳条被淋湿，重量将骤增。同时，对于密林作战的狙击手，吉利服的绳条很轻易被挂在树枝上。除了沉重外，吉利服还极不透气，人体的热量很难散发。假如在高温地区执行任务，穿着吉利服对狙击手的体能是个极大的考验。假如在沙漠等干旱缺水地区执行任务，穿着吉利服会加剧水分的流失。

吉利服的另一个缺陷是易燃。在实战中，曾经有发射烟幕弹的火星引燃吉利服的例子。因此，身着吉利服的狙击手要尽可能远离火源。吉利服一般不会采用拉索或纽扣结构，都是尼龙搭扣。一旦吉利服被引燃，狙击手可以迅速脱掉。为了防火，狙击手通常在执行任务前，都要在吉利服的表面喷涂防火剂。

伪装效果出色的丛林吉利服

在冰雪环境使用的吉利服

身穿吉利服的牙买加陆军狙击手

身穿吉利服潜伏在草丛中的狙击手

身穿吉利服匍匐前进的狙击手

身穿宽布条吉利服的狙击小组

身穿吉利服在山区行走的狙击手

### 3.4.3 | 防毒面具

自从一战时期德国率先在战争中大规模使用毒气以来，这种特殊的武器就一直威胁着参战士兵的生命。虽然狙击手大多在远离一线战场的位置作战，但仍与普通士兵一样面临着毒气的威胁，即便是警队狙击手也不例外。因此，狙击手大多数时候都会携带防毒面具。

防毒面具是一种戴在头上，保护人的呼吸器官、眼睛和面部，防止毒气、粉尘、细菌或蒸汽等有毒物质伤害的单兵防护器材。

按照滤毒罐和面罩的连接方式，防毒面具可分为直连式和导管式，直连式的面罩可直接与滤毒罐或滤毒盒连接使用，而导管式则使用导气管与滤毒罐和滤毒盒连接使用。

按照外观造型，防毒面具可分为全面具和半面具，其中全面具又分为正压式和负压式。一般来说，军用防毒面具都会采用全面具的样式，相对来说体积较大，而民用防毒面具则采用半面具的样式。

按照防护原理，防毒面具可分为隔绝式和过滤式，过滤式防毒面具较为常见，主要通过隔绝有毒气体，使用滤毒罐或滤毒原件净化有毒气体。隔绝式防毒面具就是完全隔绝外界，面罩自身供氧，主要在高浓度染毒空气（体积浓度大于 1% 时）中，或在缺氧的高空、水下或密闭舱室等特殊场合下使用。

单兵防毒面具

## 3.5 | 伪装用具

### 3.5.1 | 伪装油彩

　　裸露的皮肤会反射光线，即便是非常深的肤色，也会由于身体自然分泌的油脂而反光，导致狙击手的藏身位置被敌人发现。因此，狙击手通常会携带伪装油彩，对自己的面部和其他部位的裸露皮肤进行伪装。狙击手可以使用小镜子自行涂抹伪装油彩，也可以和观测手相互协助涂抹。

　　一般来说，为了取得良好的伪装效果，必须使用两种以上颜色的伪装油彩涂出各种不规则的图案。发亮的区域（如前额、颧骨、鼻子、耳朵和下巴等）要涂上较深的颜色，阴影部位（如眼部周围、鼻子下方、下巴下方等）要涂上较浅的颜色。除了脸部，颈部后方裸露的皮肤、手臂和手部也要适当涂抹。在使用手势通信的特殊情况下，手掌部位一般不作伪装。

　　伪装油彩的颜色一般选择与周围环境的主色匹配的暗色调。在丛林战中，通常使用与森林枝叶和泥土匹配的绿色和棕色；在沙漠中，使用各种棕褐色；在雪地中，则使用白色和灰色，以有效隐蔽自己。

　　除了伪装作用外，一些伪装油彩还具有驱蚊的功效，它含有一种特殊的味道，帮助狙击手在野外长时间潜伏时驱赶蚊虫。此外，在近距离遭遇敌人时，狙击手脸上的伪装油彩还能对敌人造成心理上的恐吓。

正在涂抹伪装油彩的狙击手

狙击手面部的伪装油彩能有效防止反光

面部涂有伪装油彩的狙击小组

## 3.5.2 | 伪装网

伪装网是一种重要的伪装遮障器材，在战场上是兵器装备、军事设施等军事目标的"保护伞"。早在一战时期，为了隐蔽兵器，军队就将渔民用的旧渔网盖在兵器上，并在网上设置一些遮蔽材料。时至今日，伪装网已经不局限于隐蔽兵器装备和军事设施，也能成为狙击小组的伪装利器。对于军队狙击手来说，长时间的野外作战需要有方便而安全的隐蔽场所，这个场所也需要全面伪装，而伪装网是非常重要的一种伪装用具。

现代伪装网基本具备以下特征：能对抗多种侦察，不仅能对抗可见光侦察，还能对抗紫外侦察、热红外侦察和雷达侦察等；网面颜色与迷彩斑点的光学性能、网面的热红外辐射和反射性能以及对雷达波的散射性能都可以适应目标周围背景的需要；材质轻；涂层牢固性好；易于架设和撤收；无钩挂；便于拼接和实现多种用途的伪装作业。

伪装网可以分为很多种，有松针型伪装网、树叶型伪装网、林地型伪装网、防雷达伪装网、全波段防雷达伪装网、立体草装伪装网、毛刺型伪装网等。对于狙击手来说，最常使用的是松针型伪装网、树叶型伪装网和立体草装伪装网。

不同用途的伪装网

在伪装网下休息的美国陆军狙击手

狙击小组使用伪装网遮盖狙击阵地

### 3.5.3 | 伪装布

为了融于作战环境中，狙击手除了对自己的身体进行伪装外，还要对狙击步枪进行伪装，主要方法就是使用伪装布缠绕狙击步枪。这种做法主要有以下几个好处：可以防止狙击步枪的金属部件和木质部件涂漆产生的反光；便于伪装，伪装布采用与隐蔽射击位置背景相近的颜色，可以避免因狙击步枪本身的颜色与背景颜色不一致而暴露目标；可以避免狙击步枪与周围硬物发生磕碰而产生声响；狙击步枪射击后枪管等金属部件的温度迅速升高，容易被敌方的红外和热成像观察设备发现，而使用伪装布包住枪身，可以降低枪身的红外特征。

当然，使用伪装布缠绕狙击步枪也有一定的弊端。第一，伪装布沾土后不易清除，容易对枪身表面产生磨损，也容易使伪装布粘附的尘土杂物通过抛壳窗进入机匣；第二，伪装布的吸水性远大于枪身的金属部件和涂漆的木质部件，而狙击手的射击位置又大多选择在植被茂密的地点，在这样比较潮湿的环境下，枪身的伪装布吸水后，容易加速枪身金属部件的锈蚀。因此，狙击手每次执行任务后，都要对伪装布进行清洁或者更换，并对枪支进行擦拭保养；第三，枪身缠上伪装布不利于枪支的散热降温，连续射击后容易因弹膛过热造成弹膛里的子弹自燃走火，当然，由于狙击手的战斗射速要远低于普通步兵，基本不用考虑这个因素。

被伪装布缠绕的狙击步枪

## 3.5.4 │ 防反光装置

在作战中，不少狙击手因为他们手中的望远镜、狙击步枪上的瞄准镜所反射的光线暴露了自身位置，从而招致人员伤亡、行动失败。因此，各国狙击手一直在寻找一种行之有效的防反光方式。传统的方式是在镜片前套上一个圆筒形的遮阳筒，不过遮阳筒较长，使用并不方便，特别是在当前突击武器越来越轻巧的趋势下，很容易影响狙击手的作战效果。

在这种背景下，美国坦尼伯纳克斯公司设计生产了一种光学器材防反光装置（Anti-Reflection Device，ARD），其注册商标为"kill Flash"，意为"杀死闪光"。Kill Flash 适于多种光学系统，出色的隐蔽性使它一面世就获得美军的青睐，美军特种部队最先在他们的先进战斗光学瞄准镜（ACOG）上安装了这种装置。此后，这种防反光装置开始在世界范围内流行。

根据各种光学器材的规格，Kill Flash 也有着不同的尺寸和重量，但基本结构都是一致的。Kill Flash 其实也是采用传统的遮阳原理，但结构和材料却很新颖。它是在一个较短的铝筒内装上一个用树脂材料加强的蜂巢形多孔圆板制成的，当光线透过这些小孔射到镜面上时很难形成强烈的大面积反光，就如同在镜片前装上无数个微小的遮阳罩一样。

Kill Flash 主要用于防止望远镜和瞄准镜等光学器材的反光，避免暴露使用者的位置。它是一种轻型、现场抗闪烁的防反光装置，可隐藏反射，不损失分辨率、没有大量的光损失，并能起到普通镜头盖的作用。

狙击步枪瞄准镜的反光非常显眼

带有护盖的 Kill Flash 防反光装置　　光学瞄准器上的 Kill Flash 防反光装置

3.6 | 食物和水

在野外作战时，狙击手常常要在预定的路线上埋伏起来，伏击经过的敌人，而这个过程往往需要极其漫长的等待，这时最大的考验到了，因为在等待的过程中，狙击手不能弄出过大的动静，以免被敌人发觉，所以经常是一动不动地等待几天，进食和饮水都非常不方便。

世界各国的狙击手在执行任务的过程中大都会选择使用水袋与吸管，摒弃了常见的军用水壶。使用水袋与吸管能避免发出较大的声响，而且省去了水壶的烦琐，以免延误战机。以美军狙击手为例，他们都配备了一种叫作"驼峰"（CamelBak）水袋的个人饮用水系统。20 世纪 90 年代初，美军的狙击手对于挂在腰上的水壶十分不满，此时"海豹"突击队的狙击手们发现了源于自行车运动的"驼峰"水袋，他们觉得这种东西十分适合军队作战使用。

"驼峰"水袋使用的材质为高弹力材料，因此非常结实。这种水袋的储水容量很大，装满时可以储水 3 升，大大高于普通的高分子水壶容量。内胆采用了抗菌的纳米材料，因此放在其中的水存储 2 ～ 3 天也不会变质发臭。另外，"驼峰"水袋便于携行，即使长时间携带也不会感到疲劳，剧烈运动时也不必担心与其他装具碰撞而发出声响。

由于"驼峰"水袋在充满水后，与使用者背部的接触面很大，所以无形中相当于给狙击手穿上一件"水袋背心"，具有一定的降温作用。狙击手只需要将储水容器背在背上，再将吸管围在脖子上，即可在口渴时低头喝水，丝毫不影响狙击手的其他工作。喝完之后也无须其他动作，只要将吸管吐出即可，前端的开关在离开嘴唇的压力之后会自动关闭，确保水袋中的水不会流失。

迷彩 CamelBak 水袋

正在饮水的美国陆军狙击手

基于同样的理由，标准的军用口粮也不符合狙击手的需求。在执行任务期间，狙击手通常会以高能浓缩口粮作为食物及热量来源，这种特别设计的口粮，可将一个人 1 个星期的热量所需，缩减到只有半个便当盒大小，其中蛋白质与卡路里含量极高，并添加了多种维生素与其他营养成分。不过，这种口粮的味道往往极差，用味同嚼蜡来形容也不为过。

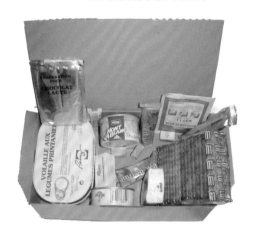

法国陆军配发的野战口粮（两餐）

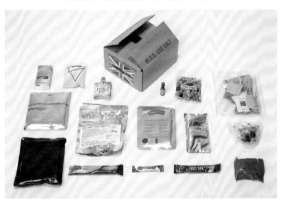

英国陆军配发的 24 小时野战口粮

# 第 4 章

# 城市狙击作战

城市作战是随着城市的产生而产生的一种作战形式，是以人口聚居的城市或城镇，甚至是更大的都会区作为主要战斗场所的现代化战争方式。城市的安危得失是战争胜败的重要标志，城市地区已成为 21 世纪的主战场。而在城市作战中，狙击手能造成巨大的火力杀伤和心理影响。

## 4.1 | 城市作战的历史

### 4.1.1 | 机械化战争时代的城市作战

在古代的战斗中，以城池要塞为主的城防体系构成了战争中的重要防御支撑点，依托城防的一方享有较大的优势。敌军的骑兵部队在城池要塞面前无法发挥其机动性和冲击力，而防御方依托城墙工事可以有效防御大部分敌军投射武器的攻击。

然而由于古代主要为农耕经济，城市化水平偏低。往往战争以攻击方攻破一座战略要冲城池为开始，攻击方通过攻城作战成功撕开守卫方的防御体系后，大部分时间都是以攻击敌军主力——野战部队为主的会战。而最后的终结战争也往往以攻击方攻破敌军首都城池为标志。在古代的城邑作战中，一旦城墙防御体系被攻破则意味着守卫方失败。

随着火药的发明以及火炮开始投入战场，城墙渐渐失去了防御的功效。工业革命之后，城市化进程大大加快，由于农民不断涌向新的工业中心，城市获得了前所未有的发展。到一战前夕，英国、美国、德国与法国等西方国家，绝大多数人口都已生活在城市里。

智利独立战争中的兰卡瓜攻城战（1814 年）

　　到了二战时期，由于技术的发展，城防不再以高耸的城墙为主。城市的守卫方往往在城内依托建筑物构筑层层防御工事。由于现代城市本身的主要建筑物就有天然的避弹作用，如果防御方加以利用并且精心伪装，则攻击一方很难轻易突破。二战中，欧洲战场有 40% 的战争发生在城市和大的居民区。

　　苏德战场上的斯大林格勒保卫战是机械化战争时代城市作战的典范。1942 年夏，德军在苏德战场南线全面突破苏军防线后，以其第 6 集团军迅速向位于伏尔加河西岸的斯大林格勒市推进，企图攻占这座城市，进而跨过伏尔加河，向北构成对莫斯科的战略包围。9 月 13 日～11 月 18 日，德军共投入 13 个师（包括 3 个装甲师和 1 个机械化师），约 17 万人、1700 门火炮和 500 辆坦克，对斯大林格勒市区发起猛烈攻击。守卫城区的苏军有 16 个步兵师、8 个步兵旅、2 个坦克军，约 9 万人、1000 门火炮和 120 辆坦克。他们利用市内楼房密集、道路狭窄、地道纵横等地利优势，在数万人预备队源源不断地增援下，顽强固守了两个多月，有力地遏制住德军的进攻势头，使其被迫转入防御，为苏军发动战略反攻、最终全歼德军 33 万人赢得了宝贵时间。但苏军在市区防御阶段也付出了伤亡 10 余万人的惨痛代价，整个城市变成一片废墟。

斯大林格勒保卫战中藏身于堑壕的苏军士兵

斯大林格勒保卫战中苏军士兵发起进攻

在斯大林格勒保卫战中，苏德双方的狙击手都发挥了极为重要的作用，苏军著名狙击手瓦西里·扎伊采夫便在这场战役中一举成名。德国疯狂扩军时，德军尤其是武装党卫军中就编入了一定数量的狙击手，只是二战初期"闪电战"的迅速胜利使德军狙击手没有派上用场。直到在斯大林格勒前线遭遇苏军的大规模狙击战后，德军才开始组织自己的狙击手实施反狙击战，以恢复前线德军部队的士气。为此，德军特意从其他战线和后方调集了一批优秀的狙击手，专门负责猎杀像瓦西里·扎伊采夫这样的优秀苏军狙击手。

斯大林格勒保卫战中的德军狙击手

以瓦西里·扎伊采夫为主角的经典电影《兵临城下》

## 4.1.2 | 信息化战争时代的城市作战

　　二战之后，城市作战一度被各国军队视为畏途。即便是在技术和兵力都占有绝对优势的条件下，也要尽量避免发动对城市的攻击作战。在第一次车臣战争中，俄罗斯军队虽然拥有绝对的优势装甲兵力，但仍在攻击车臣首府格洛兹尼的战斗中损失惨重。车臣武装人员特别是狙击手凭借熟悉的地形，藏在暗处像练习射击一样逐一射杀目标。

第一次车臣战争中俄罗斯狙击手

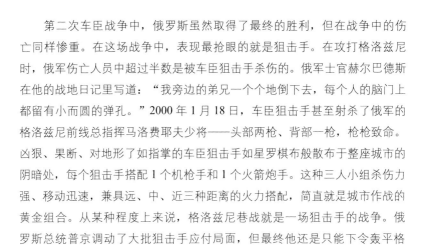

第二次车臣战争中，俄罗斯虽然取得了最终的胜利，但在战争中的伤亡同样惨重。在这场战争中，表现最抢眼的就是狙击手。在攻打格洛兹尼时，俄军伤亡人员中超过半数是被车臣狙击手杀伤的。俄军士官赫尔巴德斯在他的战地日记里写道："我旁边的弟兄一个个地倒下去，每个人的脑门上都留有小而圆的弹孔。"2000 年 1 月 18 日，车臣狙击手甚至射杀了俄军的格洛兹尼前线总指挥马洛费耶夫少将——头部两枪、背部一枪，枪枪致命。凶狠、果断、对地形了如指掌的车臣狙击手如星罗棋布般散布于整座城市的阴暗处，每个狙击手搭配 1 个机枪手和 1 个火箭炮手。这种三人小组杀伤力强、移动迅速，兼具远、中、近三种距离的火力搭配，简直就是城市作战的黄金组合。从某种程度上来说，格洛兹尼巷战就是一场狙击手的战争。俄罗斯总统普京调动了大批狙击手应付局面，但最终他还是只能下令轰平格洛兹尼。

即便是装备先进的美国特种部队，在摩加迪沙的战斗中同样损失惨重，导致在当地的维和行动以失败告终。由此可见，城市作战确实是一个世界性的军事难题。联合国公布的数据显示，2007 年世界人口的一半生活在城市地区，到 2030 年这一比例将达到 2/3，这意味着越来越多的冲突将发生在城市。美国国防部曾经宣称，城市是 21 世纪最可能成为战场的地区，而过去 10 年中，美国海军陆战队进行了约 250 次部署，其中 237 次涉及城市作战。

随着世界城市化进程的不断加快以及军事科技的发展，如今的城市作战与二战时期相比有了很大的不同。伊拉克战争中，美军进攻费卢杰之战是信息化时代城市作战中较有代表性的战例。2004 年 11 月 8 日，驻伊美军为扑灭反美武装的袭击浪潮，调集 1.2 万兵力，加上伊拉克特种部队 2000 人，对费卢杰市进行围攻。美军依仗先进的信息化武器装备，对城内的反美武装广泛地实施了非接触战、非线性战和非对称战等全新作战理念指导下的作战行动，仅用 7 天时间就攻占了费卢杰全城，并以死 54 人、伤 425 人的代价，取得歼敌 1000 多人、俘敌 200 多人的战果，而且城中建筑物 90% 以上未被损坏。

费卢杰战役中的美军士兵

斯大林格勒保卫战和费卢杰战役是两个不同时代城市作战的典型战例，虽然战争性质、战斗规模、参战军力，还有作战强度都有较大区别，但仍能看出城市作战的特点已经发生了巨大变化。斯大林格勒保卫战所处的机械化战争时代，由于城市具有易守难攻的特殊战场环境，守方可以凭借地利优势限制攻方机械化优势的发挥，获得战场的主动权。而费卢杰战役所处的信息化战争时代，攻方往往可以借助信息情报优势有效削弱守方的地利优势，获得战场的主动权。

在斯大林格勒保卫战中，苏军利用城区纵横交错的街道构筑了大量防坦克堑壕、雷场和街垒，一向精于野战的德军坦克部队无法施展快速突击能力。双方战线犬牙交错，德军最初拥有的火力优势也不便发挥，只能依靠步兵与顽强固守的苏军进行武器装备对称、以逐巷逐楼反复争夺为特征的城市作战。而在费卢杰战役中，美军利用单方面拥有的高科技侦察监视手段，有效地获得了近乎单向透明的战场情报优势，大大削弱了防御一方所拥有的地利优势。除了侦察卫星、侦察飞机、无人机、无人车等先进装备，美军还利用超低频电磁波、生命特征信号监测雷达等高技术装备，探测出隔墙隐蔽的人员，并配备了反狙击探测仪，通过声测、红外和激光等手段，迅速测出敌方狙击手的准确位置，并在发现目标几秒后即可反击，从而在狙击手对阵中稳占先机。

机械化战争时代的城市作战以歼灭敌有生力量、攻占城市为主要目的，往往采取正面推进、先前沿后纵深、层层剥壳的线性推进方式。信息化战争时代的城市作战不是以大量杀伤敌有生力量，而是以剥夺敌军作战能力、减少攻方伤亡为目的。因此，攻方往往避免硬碰硬、步步推进式的战法，而是采取对敌全纵深目标同时或依次实施打击、重点摧毁敌指挥部等重要节点的非线性作战方式。

机械化战争时代，双方预备队的多寡及其能否及时补充、投入战斗，决定着在惨烈的城市消耗战中谁能坚持到最后，并在关键时刻给对方致命的一击。而在信息化战争时代、在信息情报高度发达的条件下，预备队的作用大为弱化。以往那种靠不断投入预备队来维持持久防御的成功经验面临越来越大的挑战，"以空间换时间"的战略防御企图也往往难以实现。

叙利亚战争中的库尔德狙击手

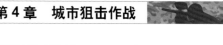

叙利亚战争中的反政府武装狙击手　　在摩苏尔市区作战的伊拉克狙击手

在阿富汗作战的英国陆军狙击手

　　机械化战争时代的城市作战中，多采用短兵相接的巷战和"地毯"式火力摧毁，人员大量伤亡、建筑物摧毁殆尽。近年来，美军顾及国内民众的压力，对己方采取了"零伤亡"的指导思想，又顾及国际舆论的压力，并不追求敌方的大量伤亡。因此，美军以发展防区外精确制导武器为契机，推出了精确打击和非接触战等新的作战理念，并在费卢杰战役中进行了检验。首先，美军在充分掌握战场情报的基础上，对伊拉克反美武装分布在城中的军事目标进行了精确打击，有时甚至达到了"发现即摧毁"的程度。其次，美军实施以防区外打击为主的空地一体战，力图通过非接触战，有效地消灭敌人、保存自己。再次，美军还利用其狙击步枪有效射程达 1000 米以上，而反美武装人员狙击步枪有效射程还不到 500 米的优势，制订出在敌方射击距离外以狙击大量杀伤敌人的计划。在每个连排规模的突击分队中都配备若干名狙击手，在反美武装狙击步枪射击距离外的高楼上设置狙击点，一发现敌方狙击手或火力点，即以精准的远距离射击将其消灭。

机械化战争时代的城市作战，主要通过摧毁城市和大量杀伤城中军民的残酷现实来达到心理威慑的作用。这种威慑注重的是强大的军事实力及其产生的迫使对方就范的强制力，但是它在造成对方心理上极大恐慌的同时，往往也激励对方拼死抵抗。在信息化战争时代，为减少战争对城市的损毁和交战双方人员的伤亡，心理战、舆论战的威慑作用更受到重视。在费卢杰之战中，美军在对反美武装分子实施军事打击的同时，高度重视对反美武装的心理威慑和分化瓦解。

总体来说，在新的作战理念指导下，美军在费卢杰战役中从军事上取得了很大的成功，但由于这是在双方作战实力特别是信息作战能力存在巨大差距的情况下取得的，因此其经验有一定的局限性。此外，美军的非线式作战和非接触作战方式还处在探索阶段，存在不少缺陷。

随着世界城市化进程的不断加快，城市越来越成为人流，物流，资金流，信息流的枢纽，对于区域乃至整个国家的经济、社会、文化、科技的发展起着不可替代的战略支撑作用。因此，世界各国都高度重视城市作战的战术研究。美国、英国、以色列等多个军事强国都建有专门的城市战训练基地，通过结合相应的城市作战理论，让士兵充分掌握城市作战的技巧和多兵种协同作战的战术。

美军狙击手正在调试狙击步枪

藏身在管道中的美军狙击手

## 4.2 | 城市作战的特征

### 4.2.1 | 城市作战的难点

**战场环境异常复杂**

　　城市作战中，防守一方可以利用高大的建筑物和四通八达的地下工程设施，构筑坚固的堡垒；可在市区内大量设置地雷和各种障碍物；可以居高临下，以点控面，进行观察和狙击；可以利用楼房、街区，组织交叉火力。而对进攻一方来说，常常需要攻坚夺点、短兵巷战，加之地形、敌情不明，易遭敌方伏击和冷枪射击。20 世纪 80 年代以来的几场城市作战，进攻一方都付出了沉痛的代价。

　　受地形所限，城市作战中的兵力兵器主要沿道路及其两侧街巷机动，因此战斗队形易被割裂，不利于大兵团活动，而小分队将发挥极大的作用。俄罗斯军队在攻打格洛兹尼市时将将市区划分为 15 个责任区，根据责任区的面积、建筑物、敌情等情况编成若干强击支队，每个强击支队又编成 2 ～ 3 个强击群，每个强击群通常由 1 个摩托化步兵连或空降连配属 1 个坦克连、喷火分队、工兵分队和障碍排除队等力量组成，担负一条街道的进攻任务。

由此可见，为适应城市作战独立战斗、攻坚战斗的要求，需要编成集突击、破障、火力支援于一身的最低一级的诸兵种合成分队，使各分队能够保持战斗队形，灵活机动执行任务。

越南战争中的美国海军陆战队狙击手

### 📍 通信指挥协同困难

　　城市作战中，有线电通信机动性不强，无线电通信特别是甚高频和超高频通信，受高大建筑物的特殊影响和声、光、磁的干扰，信号欠佳；旗语、手语等联络方式会受到墙壁和建筑物的遮挡，难以沟通；战斗接触面小，与敌交战的多是班组或单兵，交战双方往往是一路、一墙之隔，兵力分散，不便指挥协同。因此利于单兵作战，而不利于联合行动。美军认为，城市作战是"下士（班长）决定的战斗"，是"真正的勇士的搏斗"。

奥地利特种部队狙击手在石墙后方监视目标

## 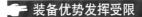 装备优势发挥受限

军队现有的技术装备主要是针对一般地形作战设计的。在一般地形可以最大限度发挥优势的军事技术，在城市作战中这一优势将被大大削弱。城市作战面临的是不规则的、复杂的作战环境。大范围侦察定位系统、空中火力、远距离火力，在有防护、伪装和隐匿的城区，其看得远、打得准的优势很难发挥。例如，1993 年 10 月，进入摩加迪沙市区的美军，虽然拥有绝对的技术优势，但面对艾迪德民兵武装的袭击，也只能进行"步枪对步枪"的作战，其高技术装备几乎无用武之地。当然，如今美军正在大力研制适用于城市作战的高科技侦察装备，这个难点将得到一定程度的克服。

在拉马迪市区作战的伊拉克狙击小组

## 射击和机动困难

城市作战中，近在咫尺的建筑物遮蔽了射击者的视线，致使视界和射界受限，存在大量观察和射击死角，不便于实施侦察与观察，不便于发挥火力；小巷狭窄，不便于坦克等装甲车辆的机动，且在主干道上行驶，易遭反坦克武器的打击，风险较大；军事目标和非军事目标紧密相连，战时既要摧毁军事目标，还要考虑保护重点非军事目标。因此，便于使用轻武器，重型兵器的使用则大大受限。

美军狙击手正在进行建筑物攀爬训练

## 4.2.2 | 美军的城市作战

针对城市作战的难点，世界各国军队都在积极研究相应的武器装备和战术，其中美军取得的成果最为突出。二战之后，美军发起和参与了多场局部战争，其中不乏城市作战，美军在这种残酷血腥的战斗形式中获得了宝贵的作战经验。在近年来的城市作战中，美军往往只需付出较小的伤亡代价就取得了胜利。究其原因，还是与其领先世界的信息化程度和城市作战方式密不可分。

### 美军赢得城市作战的基础

**单兵武器装备齐全，信息化程度高**

现代美军单兵武器装备种类齐全，伊拉克战场上美军一般士兵装备了头盔、防弹衣、M9手枪、M16自动步枪、M4卡宾枪、瞄准镜、夜视仪、便携式无线电台等武器装备，特种部队士兵和狙击手还装备了如微型照相机、激光测距仪、弹道计算机、摄像仪、直接瞄准仪、电子方位测定仪、目标追踪仪、红外线夜视装置、激光指示器和单兵卫星通信系统等高科技设备器材。

单兵武器装备信息化程度高，很多装备集成了多种功能。例如轻型MICH 头盔，不再只是一个头部保护工具，而是成为士兵的第二大脑。头盔内安装一部微型无线电台、一个话筒和一副耳机，便于士兵同战友和指挥官联系。头盔上部的雷达装置能报告士兵所处的确切位置，右眼前方的分子观测器能够显示出武器种类。夜视装备既可装在头盔上用单眼观察，也可手持观察或安装到轻武器上作瞄准具用，不需要时还可以从头盔上取下。

装备精良的美国海军特种部队狙击手

**通信联络顺畅，战场指挥控制能力强**

美军在伊拉克的城市作战中通信手段多样，联络高效顺畅（基本未遇到有效干扰）。单兵配发便携式无线电台，班、排配备数字战术电台，特种部队士兵还配备卫星电话，战斗中士兵与指挥员之间、班排与上级之间甚至与后方指挥员都可以随时保持通话联络。战场上，美军指挥控制能力强，后方指挥员通过卫星、无人机等手段可在远距离外掌控战场局势，实时发布命令指挥部队的行动。

### 运用多种军事高技术

美军在城市作战中运用了多种最新军事高技术,典型的如狙击手探测技术、隔墙探人技术、远程遥控机器人技术等。安装在轻型装甲车上的敌方狙击手声测定位仪,通过接收并测量膛口激波和弹丸飞行产生的冲击波来确定狙击手位置,敌方狙击手开火后还没有来得及转移时,就被定位仪发现并击毙。而隔墙探人技术可以提高城市作战士兵的态势感知、侦察与探测和生存能力。

美军狙击手正在观察和记录目标信息

### 美军城市作战的主要特点

### 以战斗小分队形式展开作战行动

在激烈的城市作战中,大部队的行动会受到极大的限制和束缚,故常将城市划分为多片区域,派出人数不等的作战小分队,从而形成许多局部的攻击能力。小分队内人员分工明确,配合默契,有专人负责作战、通信、医疗、排爆、狙击等专业和任务,很多人甚至擅长两种以上专业。小分队一般搭乘轮式装甲车或安装高射机枪的"悍马"装甲车,在街区道路上行动机动灵活,火力强,并具备一定的防护性。此外,也可在主战坦克的掩护下步行前进,与坦克配合作战，逐街逐屋清除敌人。

在阿富汗城镇中作战的美国陆军战斗小分队

### 充分利用坦克等重型武器协同作战

现代战争条件下的城市作战，已经离不开重型武器的支援，坦克、武装直升机等重型武器已经大规模介入到作战中，这些武器对于摧毁那些隐藏顽固的火力支撑点和歼灭大量集中的敌人，都非常有效。坦克具有良好的防护功能和精准强大的火力以及灵活的机动性，都是城市作战中必不可少的条件和优势。在城市作战中坦克能提供步兵所无法携带的重型火力，可直接对建筑物进行炮火打击，可搭载步兵或配合步兵战车进行高速机动，或作为强固支撑点让步兵以其为依托进行作战。如果缺少装甲力量，单纯依靠步兵进行城市作战必定遭受重大伤亡。

城区大片建筑物能给坦克的运动和火力支援提供良好的遮蔽物；纵横交错的街道也给坦克高速机动提供了隐蔽通道。一般建筑物并不是任何地方都能开火，几个视角有限的火力点和发射阵位，很容易判断出来。通过平时训练和战时配合，坦克和步兵协同对建筑物的进攻各司其职，分配好火力指向，敌方因为准备射击而暴露自身，结果反被预先指向的进攻方消灭。同时坦克上配备的大口径高射机枪，也是支援步兵作战的强大火力。

美国陆军狙击手在装甲车中搜寻敌人

## 有效发挥狙击手的作用

美军赢得城市作战的另一个重要原因就是有效发挥狙击手的作用，一名优秀狙击手能对敌方构成极大威胁。在城市作战中，为获得战争优势，战争双方会对坚固建筑物、主要街道和城市制高点进行激烈争夺，而制高点是争夺的重中之重。制高点被一方控制后，往往会部署狙击手在那里掌控战场全局信息并狙击敌人。可以说，狙击手在城市作战中是拥有上帝视角的幸运儿。

占据制高点的狙击手通常与一名观测手组成一个狙击小组，他们装备了望远镜、激光测距仪和一整套先进的狙击武器系统。通常的作战方式是小分队士兵在前方进行逐房逐屋搜查，把敌人从隐蔽之处赶出来，交由隐藏在后方制高点上的狙击手来一一射杀。狙击手在作战中不仅要为小分队提供各种战斗信息，而且要保护自己的小分队远离威胁，并能化解潜在的危险。可见，狙击手在城市作战中的作用极其重要。

在建筑物内观察目标的美国陆军狙击小组

## 4.3 城市的区域类型

　　一个城市原则上讲是一个地理实体，因为通常情况下是建立在一个特殊的地方：交叉路口、水路通道或资源通道，处于优势或防御地位。自 20 世纪 70 年代以来，城市的重叠延伸造成了综合化堆积网络。各种连接点聚集（火车站、机场、政府机构、商业机构等），从而导致城市"多极化"发展。尽管是一个表面单位，但是城市可以划分为各种不同的空间类型，每一个都有其自身的特点，有必要进行确定。由此，可对城市区域划分为三种类型。

### 老城区

　　老城区通常具有起伏不平的特点，海拔高度有很大不同（100～200 米），能够对周围环城区域居高临下，街道狭窄，大部分是用石头或砖垒砌而成，能见距离很近，一般在 100～300 米。

## 环城区域

环城区域是老城区之外的区域，通常是19世纪中叶建立并改造成大街的区域，总体上高层住宅密集，多为20世纪80年代以后采用砖体结构的楼房，或是采用金属或混凝土结构的建筑。住宅区和商业区通常与数万平方米大的林园交织在一起。在这种由城市扩建而成的基础设施区域内，通常可以见到：旅游或商业火车站、艺术区、工厂或作坊以及公墓等，还有交通枢纽、停车场、铁路、通信中心以及能源生产中心等。这些区域一般情况下由高架或地下高速公路或环城公路相互连接，目的是减少地理上的分割。环城区域的特点是观察和射击距离远，从几米到几千米。这些区域一般被老城区所俯视，人口密度一般在每平方千米100人。

## 近郊区和远郊区

以市中心向外延伸30～45千米。尽管是环形的，但仍然围绕城市中心向外延伸，与城市交通垂直相接。这些区域一般是开放式的，能够将老城区包围起来。一般情况下都是采用钢木结构的大型建筑。在这些区域内有工业基地、商业中心、地方建筑、出租房或住宅区以及高档别墅等。这些建筑的大部分或一些空地的面积都在数万平方米以上。在这些区域还有一些大公园甚至耕地。在近郊区和远郊区，一般射击距离均超过300米。人口密度在各区域之间有所不同，平均为每平方千米50～100人。

在建筑物内监视目标的俄罗斯警队狙击手

美军狙击小组隐藏在建筑内部

美军狙击小组在城市郊区作战

在城市废墟上休息的库尔德狙击手

## 4.4 城市作战的狙击阵地

一名聪明的狙击手应当选择出人意料的地点来隐蔽自己，并在射击后转移阵地，这一点在城市作战中尤为重要。在费卢杰战役中，伊拉克反美武装使用了大量狙击手。虽然他们对美军构成了一定的威胁，但他们远远没有达到专业狙击手的水平。他们都没有接受过专业化的训练，没有配备观测手，武器质量也很差，更严重的问题是他们没有机动的概念。美国海军陆战队队员报告说，伊拉克反美武装的狙击手经常选择很显眼的建筑物为藏身地，清真寺的尖塔就是他们最喜欢的藏身地，而且在开枪后并不转移阵地。低下的战术水平使他们成为空中打击、制导炸弹以及美国海军陆战队员狙击手的理想靶标。

在城市作战中，满足狙击阵地的几个硬性要求必须做到，其他因素可以酌情考虑。选择狙击阵地时，首要考虑的因素便是"制高点"。许多人在谈论狙击手的时候，都会联想到"制高点"一词，但是有些人却把"制高点"误解成"最高点"，这是一个误区。要知道，制高点不是最高点，最高点也未必是制高点。从狙击专业的角度来说，制高点就是能够对周围环境进行监视，起到控制作用，适合狙击作战的地点。有的最高点适合做制高点，有的最高点则不行，比如烟囱的顶端，即使是普通人也很容易猜到狙击手有可能藏在那里，而且这么高又行动不便的地方也不利于狙击手撤离。

在建筑物顶部监视目标的警队狙击小组

　　通常情况下，在像城市街道这样的地方选择狙击阵地，因为楼层较多，观察范围就会受到影响，所以要适当选择高一点的楼层，以便观察和瞄准。具体选择几楼要视情况而定，但一般不能超过五六层楼的高度，这个高度不到 20 米，狙杀目标后，可以快速撤出楼层。如果是在二三十层楼的高度狙杀目标后，由于撤离不便，很容易被敌方发现行踪并展开围堵。

　　如果要在城市街道中选择永久性狙击阵地，相对来说比较方便，不用像野外一样花费大量精力去挖掘堑壕，只要利用屋内的设施，建立一个比较舒适的射击平台即可。如果觉得某个楼层适合作为狙击阵地，即便有部分阳光照射进来，也不必太担心，狙击手只需往屋子里面挪一挪，避免镜片反光即可。如果有纱窗就更好了，狙击小组可以清楚地观察外面的状况，而外面的敌人却不易了解屋内的情况。

　　总的来说，在城市作战中，门、窗和墙洞都是极易受到关注的地方，所以狙击手应隐藏在敌人容易忽视的位置。狙击手适宜隐藏在石制建筑物内，这样会有最好的防护、更大的射界和最清晰的观察视界。作战时，狙击手应设法消除枪声和枪口焰，例如不要直接在门、窗及其他洞口射击，最好能隔着邻近的废弃建筑射击和观察，另外也可以在墙上凿出一个外宽内窄的漏斗形射孔。

藏身在土墙后方的美军狙击手

埋伏在窗户后方的狙击手

美军狙击手在砖墙后方观察目标

以废弃建筑物为狙击阵地的美军狙击手

利用墙壁破洞射击的武装狙击手

## 4.5 城市作战的运动技巧

尽管城市作战中狙击手的运动频率比普通士兵略低，但是运动仍然是狙击手在城市作战中首先要掌握的技能。运动技巧必须不断地练习，直到成为习惯。下列各点是狙击手在城市作战中穿越不同地形、地物的运动技巧。

### 翻越围墙

在侦察过墙那边的情况后，狙击手快速滚过墙头，身体尽可能放低。高速度和低姿态可以避免敌人的火力打击。

### 穿越拐角

在穿越拐角之前，必须先仔细观察周围情况。在拐角处常犯的错误就是将武器从墙角处露出，暴露自己的位置。探头观察时要低于敌人以为会出现的高度，正确的观察技巧是：狙击手平躺在地上，避免武器露出，戴好头盔，探出头，能观察清楚即可。

## 通过窗户

窗户是又一个危险地带，通过窗户时最常犯的错误就是暴露自己的头部，此时室内的敌人会通过窗户击中狙击手而又不会暴露自己。运用正确技巧通过窗户时，狙击手的身体要低于窗户，确保自己的侧面轮廓不会暴露，要沿着建筑物的边缘运动。此时房内的敌人如果要射击就必须把自己暴露在掩护火力下。通过地下室窗户时同样如此，最常见的错误是没有发现地下室的窗户。狙击手不能跑过或走过窗户，那样就给敌人提供一个清晰的目标，正确的做法应紧贴墙面跳过窗户，避免露出腿部。

## 出入门口

门口通常不能用作入口或出口，因为敌人的火力肯定已经将其封锁。如果必须从门口出入，那就应全速通过，迅速到达下一个隐蔽地点，使暴露自己的时间尽量缩短。此时要强调的是预先观察位置、提高速度、降低姿势和掩护火力。

## 与建筑物平行运动

狙击手和小分队运动不可能总有建筑物可作掩护，在室外运动时，就要利用烟幕、掩护火力和掩体以保证运动的隐蔽性。要紧贴墙角、利用阴影、少暴露轮廓、快速运动到达下一个位置。如果此时建筑物内的敌人要射击，他就要把自己暴露在狙击手的掩护火力下，而且，远处的敌人也很难观察和瞄准狙击手。

## 穿越开阔地

在街道、小巷、公园之类的开阔地应尽量避免运动，那是敌人多人操作武器天然的歼敌区。但如果能遵循一些基本原则，也能安全地穿越。狙击手要有个人的行动计划，并利用发烟手榴弹提供掩护。在建筑物之间运动要走最短的路线，尽量减少暴露的时间。在向下一个位置运动之前，要目视观察，选择一个最好的隐蔽位置，同时选择适当的运动路径。

狙击手快速通过公园小河

### 狙击小组在建筑物之间运动

狙击小组在建筑物之间运动时是比较显眼目标。从建筑物的一个角到另一个角时，狙击小组将穿越开阔地，从建筑物的一个面前往另一个面时，情况类似，运用的技巧也一样。狙击小组应以建筑物作掩护，在向邻近建筑物运动时，狙击手和观测手之间应保持 3 ～ 5 米的间距，使用预先约定的信号，突然冲出，穿越开阔地，冲向下一座建筑物。

快速通过路口以躲避敌方狙击手攻击的小队

### 阵地之间的运动

从一个阵地向另一个阵地转移时，狙击手要注意不要遮挡自己的掩护火力。一旦到达新的阵地，应立即做好准备掩护己方其他士兵。狙击手必须充分利用新的射击阵地，压制敌方火力。

### 在建筑物内部运动

当处于攻击之下而在建筑物内运动时，狙击手要注意避免在门窗处暴露自己。一定要利用走廊时，要紧贴墙壁，避免成为靶子。敌人经常会在门窗处设置诡雷，进屋时应避免触动把手，可以用手枪向插销处点射一发，然后将门踹开。如果发现有诡雷，应做好标记、上报并绕行。进入每个房间之前，最好先向室内投掷手榴弹。

狙击手站在建筑物顶部是非常危险的行为

# 第 5 章

# 山地狙击作战

　　山地作战是指在高山或类似复杂地形上进行的作战行动，这是最危险的作战形式之一，战斗人员既要和敌军交战，同时也要对抗极端的天候和危险的地形。但对于狙击手来说，山地的掩体较多，视野开阔，是非常理想的作战环境。

## 5.1 | 山地作战的历史

### 5.1.1 | 一战时期的山地作战

山地作战是指在高山或类似复杂地形上进行的作战行动。西方最早的山地战大约出现在中世纪时期。欧洲的君主国军队发现他们与阿尔卑斯山区的瑞士军队作战极其艰难。这是因为瑞士人总能以较小的作战单位和有利的地形来对抗他们庞大但运转不灵的军队。这种战斗方式随后成为欧洲游击战的一种常见形式。

登山技术和军事技术在 19 世纪下半叶的发展，意味着崇山峻岭不再是可靠的天然屏障。为了保卫自己的安全，瑞士在 19 世纪末建立了世界上第一支专门用于山地作战的部队，随后法国、奥匈帝国、意大利纷纷仿效。到一战开始的 1914 年，意大利已经组建了著名的阿尔卑斯山地部队，包括 16 个山地营，奥匈帝国则组建了两个山地军。德国的山地部队成立较晚，因为除了南方的巴伐利亚和符腾堡地区以外，德国的边境地区基本上都是平原地区，险峻的阿尔卑斯山脉远远地从中立的瑞士和友好的奥匈帝国境内穿过。直到 1915 年，德皇威廉二世才下令在巴伐利亚组建了德国第一支山地部队，其成员都是来自巴伐利亚和符腾堡南部山区、作战经验丰富的老兵。该部队组成后，原计划投入多山的巴尔干前线使用，但是却调到了法国和俄国战线。

当时的山地作战技术还处于雏形阶段，由于还没有可靠的攀岩技术，所以山地作战只能在地形相对容易达到的山区进行，不过意味着比平原地区崎岖一些的道路和高一点的海拔而已。双方各自在山上挖掘战壕，设置堡垒，更像是平原地区阵地战的变种。不过由于山地作战需要消耗极大的体力，所以山地部队通常都是选拔精悍耐劳的山地青年组成，其要求和训练也比普通的野战部队更加严格。

1914 年 12 月，奥斯曼帝国最高指挥官恩韦·帕夏率军在高加索地区对俄罗斯帝国发动进攻，由于坚持在深冬季节向俄军的山区阵地发动正面进攻，最终奥斯曼帝国遭到惨败，损失兵力超过 80%。

1917 年夏天，意大利和奥匈帝国在伊松索河地区的拉锯战已经持续了三年之久。双方隔着高耸入云的山峰和无底的深谷对峙，谁都无法继续前进一步。直到 1917 年 8 月，意大利在筹集了 40 个步兵师和数千门火炮之后，向该地的奥匈帝国军队发起了进攻。奥匈帝国向德国求援，正在法国前线作战的德国山地部队被紧急抽调到意大利前线，组成了第 14 军团，协助奥匈帝国军队作战。尽管德奥联军取得了最终的胜利，但一条战线上的胜利并不能挽救同盟国在整个世界战场上的颓势。一年之后，奥匈帝国和德国先后宣布战败投降，德国山地部队也随之解散。

一战中的意大利陆军山地部队（1915 年）

## 5.1.2 | 二战时期的山地作战

一战结束后，德国陆军的员额被限制为 10 万人。由于德国山地部队在一战中的良好表现，魏玛共和国保留了一小部分山地部队的骨干力量，而他们也成为未来山地部队的核心。1935 年，希特勒撕毁《凡尔赛赛约》，开始重整军备。就在这年，德国陆军以保留下来的山地步兵骨干人员为基础，组建了山地步兵旅，辖有第 98、99、100 山地步兵团和第 79 山地炮兵团。

1938 年，德国吞并奥地利，奥地利陆军所属的部队有一部分被解散，其余被编入德国国防军序列，一共有超过 5 万的奥地利军人加入德军。由于奥地利军队中有山地部队编制，训练和装备也不错，出于成本考虑，希特勒决定以原有的德军山地旅和奥地利山地部队为基础，组建两个山地师：第 1 山地师和第 2 山地师。此时，德军对于山地步兵的成型编制尚未确定，因此这两个师一个采用 3 团制，一个采用 2 团制（均指步兵团而言），工兵部队和侦察部队的配属也不同。经过一年左右的试验，德军基本确定了山地师的 2 团编制，并从原奥地利陆军中的第 5 师和第 7 师中抽调人员，于 1939 年 4 月 1 日在奥地利的格拉茨组建了第 3 山地师。此后，又相继组建了其他山地师。

二战期间，山地部队是德军中的精英。德国在波兰、拉普兰、高加索地区、克里特岛和孚日地区的战斗中都大量使用了山地步兵。根据一战欧洲山地作战的经验，德国陆军 1933 年的野战勤务条例明确叙述了取得山地作战胜利的方法：在受限制的地形，攻击者通常只需要一个当地向导，数量的优势和作战的方法会受限。占据高位也可能被打败，只要包围和绕过这些位置就可能成功。

1941 年 4 月，德国第 5 山地师发起了战争史上第一次轻型步兵团对山地永久防御工事的进攻并取得了成功。在马其顿罗多彼山脉上构建的一系列碉堡工事构成了希腊迈塔克瑟防线。这些山脉高 2000 米，山脊和山谷中都有植被。希腊军队认为这一防线不可攻克。德军山地部队从山谷中使用远程火炮对其进行攻击。"斯图卡"俯冲轰炸机也对碉堡进行了攻击，但由于获取目标困难，没能将其摧毁。德军步兵使用迫击炮和重机枪压制碉堡火力，山地部队将轻型火炮用骡马牵引上山，近距离对碉堡实施直接火力打击，将碉堡摧毁。四天后，塔克瑟防线被攻克。

德国山地部队的标志——雪绒花　　　德国陆军第 1 山地师在希腊境内作战

## 5.1.3 | 二战之后的山地作战

　　二战之后，许多国家仍然很重视山地作战的装备和战术研究，美国、德国、意大利、印度、英国甚至缅甸都有各自的山地部队。其中，印度山地部队的规模达到 10 个师之多，总兵力达 20 万。各国陆军针对各国不同的国情及不同的地理环境，所建设的山地部队其特点也不尽相同。

　　从 1979 年 12 月苏联入侵阿富汗以后的情况来看，速战速决的战术在多山国家是站不住脚的。苏联坦克在山地只能有限使用，且易被游击队击毁。对逃到山上和洞穴里的阿富汗游击队，航空兵轰炸、导弹和远程火炮只能产生有限的杀伤。于是苏军减少了坦克，重点装备了轻型装甲输送车、反坦克火箭筒、导弹以及武装直升机。

　　1979—1980 年间，苏军武装直升机的攻击通常从 1000 米高度开始俯冲，用机炮、火箭、集束炸弹或 250 千克炸弹攻击。由于苏军直升机被阿富汗游击队的便携防空导弹击落较多，因此苏军在 1981 年初采用了新的直升机战术。米 -24 武装直升机往往从距目标 7000～8000 米处开始进行低空飞行，然后在进入到最大射程时上升到 20～100 米高度发射火箭。还有一种经常使用的战术是：派一架武装直升机飞到一个较高的高度去吸引敌方火力，其他武装直升机隐蔽在山脊背后，谁开火就向谁发起攻击。相较而言，苏军固定翼

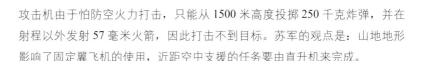

攻击机由于怕防空火力打击，只能从 1500 米高度投掷 250 千克炸弹，并在射程以外发射 57 毫米火箭，因此打击不到目标。苏军的观点是：山地地形影响了固定翼飞机的使用，近距空中支援的任务要由直升机来完成。

1999 年卡吉尔冲突中，印度和巴基斯坦在海拔 7000 米以上的山峰上交火，成为现代战争史上海拔高度最高的战斗。美国陆军第 10 山地师也先后参加了越南战争、海湾战争、索马里内战、阿富汗战争、伊拉克战争等局部战争。阿富汗战争中，沙漠山区地形成为战争重点，美军曾发起"森蚺行动"清剿加德兹山区的盖达组织士兵。该行动中美军采用了包围战术，首先派兵占领山谷的有利位置及阻止敌军四处逃窜，再陆空合击山谷北端扫荡敌军。

由于重型机械化部队很难在山地作战时发挥作用，所以山地部队一般都是轻装步兵，以轻武器为主战兵器。从美军在阿富汗的经验来看，M16 系列小口径步枪的有效射程在 400 米左右，在山地中显得有些不足，因此临时装备了一些 6.8 毫米口径的突击步枪作为应急。由于两个山头间虽然互相可以看到，但是徒步很难接近，等移动到可以开火的距离，敌人早已消失无踪。因此，能够在 1000 米距离以上远距离杀伤敌人的狙击手就非常有用。

事实上，在山地作战中运用狙击手并不是什么新鲜事。二战时期，德国国防军狙击手射杀纪录第一名的马蒂亚斯·海岑诺尔便出自第 3 山地师，他从 1943 年至战争结束一直在东线作战，共射杀 345 人，成为盟军的心腹大患。时至今日，狙击手在山地作战中仍然发挥着重要作用。加拿大狙击手罗伯·费隆就是在阿富汗山区创下了 2430 米的远程狙击世界纪录。

在山区行走的美军狙击小组

美军狙击小组在山顶观察山下目标

美军狙击小组在沿海山地训练

美军狙击小组将乱石堆作为狙击阵地

藏身于岩石缝隙中的美军狙击手

在积雪山林中作战的狙击小组

潜伏在雪地中的狙击手

## 5.2 | 山地作战的特征

### 5.2.1 | 山地环境的分类

在军事领域，山地是指海拔 500 米以上，高度差大于 200 米的地区。按海拔分为低山地（500 ～ 1000 米）、中山地（1000 ～ 3500 米）、高山地（3500 ～ 5000 米）和极高山地（5000 米以上）。随着海拔升高，山体上植被、气候、地貌等都变化明显，低海拔地区多为高大乔木组成的森林，海拔往上升就变成低矮的曲林，再上升就只有高山草甸、裸露的土壤和岩石、冻土地带，高山顶上是终年不化的积雪。

不同地域，林线和雪线的高度不同。一般纬度越高，林线和雪线越低。比如，印度东北部边境的林线高达 3600 米以上，而北部和西北部边境林线一般在2100米左右。林线以下，植物繁茂。林线以上，地面光秃，土壤内多石，有的岩石松散，便于挖掘，但易发生山崩。

海拔高低并不完全反映氧气含量，比如同样是3000米海拔，有植被和没有植被的地区，人类的缺氧感受就完全不同。所以军事上并不完全按海拔高低来区分山地作战形式，而习惯根据林线和雪线的位置来划分山地作战类型。

在常绿阔叶林组成的森林地带，一般用"丛林作战"一词。部队穿着单薄深绿丛林迷彩服装，面临的是多雨、迷雾、潮湿的气候。林线附近，一般使用"山地作战"一词。林线以上，使用"高寒山地作战"或"高山作战"一词。部队在裸露土壤和岩石的山区，着装都是荒漠迷彩服，并强调保温，面临的是少雨、低温、风雪等气候以及高海拔带来的高山病。在雪线以上，属于"极寒地带作战"。其着装与"极地作战"类似，但部队除配备高山装备外，还配备滑雪和攀冰工具，进入前必须进行适应性训练。世界上只有少数几个国家具有这类作战环境。

在低海拔山区作战的美军狙击小组

美军狙击小组在低海拔山区训练

在高海拔山区作战的美军狙击手

匍匐在岩石上的狙击手

## 5.2.2 │ 山地对军队作战的影响

### 运动观察不便

　　山地陡峭险峻，道路稀少，空气稀薄，部队行动不便，运动速度大大降低，坦克、炮兵运动尤其困难。大雨易造成山洪和塌方，阻塞交通。河流湍急，架桥困难很大。山谷蜿蜒，眺望困难。山顶上便于观察。林线以上，晴天便于通视，但不便于隐蔽，部队行动易被发现。林线以下，虽然植物茂盛，地形特征不明显，易迷失方向和走错道路，但隐蔽条件好，便于步兵小分队出敌不意地行动。

正在进行山地攀爬训练的美国海军陆战队狙击手

完美融入周围积雪环境的狙击小组

##  通信联络困难

高寒山区对通信联络的影响很大。有线电架设困难，无线电在拂晓和黄昏时联络效能降低。高频无线电通信容易受到山地屏障、大气干扰和闪电的影响。无线电终端设备笨重，搬运困难。干电池因低温容易失效，电台的金属部件受冻收缩而易失灵。地形复杂容易导致观察困难及通信不便。

## 人体功能降低

在海拔 3300 ～ 4200 米处，人会产生呼吸困难、头晕目眩、失眠、烦躁、全身无力等生理反应，还可能发生冻伤。海拔 4200 米以上地区，困倦、沮丧等生理现象更加明显，还可能产生举止不安、记忆力衰退、精神紧张等生理现象。海拔 4500 米以上地区，心脏功能只相当于在平原地区的 60%。在印巴卡吉尔冲突中，印军许多士兵都有严重的高原反应，一些年龄较大的军官死于肺水肿。

一般而言，为了使部队适应高山环境，部署时应该逐步由低处向高处移防。第一站可选在海拔 2400 米处，第二站选在海拔 3000 米处，此后按 600 ～ 900 米间隔向高处移驻，直到到达规定的高度。部队每个移驻点至少应停留 2 天，完成移防过程至少需要 8 天。

山地不仅限制了车辆运动，即使徒步行军也受到限制。在崎岖山路上穿行不仅辛苦，也很危险。衡量部队运动的强度不是距离，而是时间。如果在平原负重行军每小时可行进 4 千米，那么在山地最多爬升 300 米或下坡 600 米。在黑夜，运动会变得更慢且充满危险，部队必须在战斗准备和机动性之间做出平衡。

在积雪山区徒步行军的狙击小组

## 后勤补给困难

山地人烟稀少，物产匮乏，很难就地补给，加之道路崎岖，气温变化无常，运输受到极大限制。尤其在干旱季节，不少地区缺乏饮用水，后勤和技术保障任务更重。徒步行军时，山地步兵负荷极重，背包平均重量达 50 千克，最大负荷（包括武器）达 75 千克。即使这样，山地部队仍然必须依赖其他运输工具，比如骡马。超过 3900 米的高度后，骡马和搬运人员是后勤供给的主要手段。他们可以穿行于车辆无法通行的山道上。在高海拔地区，骡马可以驮运的重量超过其体重的 20%，每天大约能走 30 千米。人力搬运取决于体力。士兵行动时运力一般只有人力搬运工的一半，携带的主要是弹药和爆炸物品。因此，在山地作战中，后勤保障决定了可以有效使用的部队规模，作战成败在很大程度上取决于指挥官保障部队补给的能力。对于狙击手来说，破坏敌方后勤补给是山地作战时的重要任务。

意大利山地部队在陡峭山地上训练

## 指挥协调不利

由于山地地形各方向互相割裂，部队行动受限，分队多独立行动，战斗发展不平衡。多数战斗都是在较低级别上进行。因此，给指挥协同带来非常大的困难，战斗的胜利往往取决于初级指挥官的主动性和指挥才能。

英国海军陆战队在喜马拉雅山脉训练

美国陆军狙击小组在积雪山区训练

## 5.2.3 | 山地对武器装备的影响

　　山地环境不仅可影响士兵的作战行动，还会对武器装备造成不良影响。山地气候严寒，武器易于损坏，射击时枪管温度骤然升高，会降低武器的性能。-30℃以下时射击，空气中的水蒸气凝结，可在武器上方形成雾，影响射击视线。武器由室外寒冷处带入隐蔽山洞或掩体内，会产生"出汗"现象，如再带出室外，"汗水"易结冰，使机件失灵。

　　高寒山地作战还易出现以下情况：迫击炮弹着点变远；步枪、机枪弹着点偏高；火箭筒在 140 米以内弹着点偏低；手榴弹从投出到爆炸的时间延长，跳雷爆炸高度增高；照明弹下降时才开始发光；弹药受冻，自动武器不易连发等。在海拔 3000 米处，子弹射击 1000 米外的靶标时，弹着点比在海平面要高 1.77 米，弹道更平直。炮弹的射程增加，但准确性和可预测性受到损失。山地的高角度，对迫击炮来说是最主要的误差。在海平面上建立的弹道表，如果不校正，在高海拔地区是没用的。

　　山地环境还可以改变武器系统的效能。弹片和跳弹增强了小型武器的杀伤效能，高爆弹的杀伤效果也有所增加。因为对山上目标距离估算有困难，对目标交战的时机也有变化。士兵向山下射击时，会感觉目标距离远，这会使他们射击的弹着点偏高。向山上射击时，感觉目标会近一点，因而弹着点偏低。手榴弹掷出后会在山坡上滚动而出现危险。

　　炮兵的作战行动，也会受到山地环境的限制。因为山的坡度以及山路的危险性，火炮的运动受到限制。适合的炮位通常也很小，一般只能容纳 1 门火炮。进攻中靠近陡峭的山峰时，需要大角度射击。在高山上移动炮位通常需要骡马等，部署很慢而且很艰难。

　　高海拔山地也会对直升机和固定翼飞机产生很大影响。与地面相对高度降低，雾气、山峰对风的改变等都使飞行变得更加危险。峡谷地貌形成空中通道，限制了进入和退出的路线，使飞机的安全性更脆弱。直升机悬停是非常困难和危险的，多数直升机在 4000 米的高度上都不能正常负载。大多数武装直升机在高海拔地区都因为太重而不能飞行。固定翼飞机也有类似的限制。低气压引起阻力减小，这改变了飞机的气动性能和操作性。空气稀薄使转弯半径增大，当俯冲拉起时高度损失增加，这使飞行员拉起时的高度和提前量比在海平面时要大。飞行员必须增加投弹高度以适应这种变化，否则投弹准确性会很差。低气压会改变武器弹道，制导武器的使用也与在海平面上使用有较大区别。

　　山地环境中，气象严酷多变，机载传感器的使用和性能都受到很大限制，因而需要特别的飞行技术。山区的飞行路线很难选择。沿山脊线上方飞行很危险，很容易被远处山头上的敌人发现从而受到攻击。如果选择沿峡谷飞行，飞机就必须在有限时间内跃升，视线会严重受阻，要在有限时间里对敌目标进行搜索、发现、锁定和攻击非常困难。

澳大利亚陆军士兵在阿富汗山区巡逻

在阿富汗山区作战的美国陆军狙击手

美军狙击手在山区进行实弹射击训练

在直升机上观察山中目标的狙击手

观测手配备的测距仪在低温下结冰

## 5.2.4 | 高海拔山地的行军作战

### 高海拔山地的作战难点

地理学上，通常将 600 ～ 1500 米称为低海拔、1500 ～ 3500 米称为中海拔、3500 米以上称为高海拔。在高海拔地区（高山地和极高山地）进行的战斗，其难度远大于中低海拔地区的战斗。

世界上最高的山脉大多位于亚洲腹地，全球最高的山峰有 90% 位于喜马拉雅山脉，该山脉绵延约 2414 千米，世界最高峰珠穆朗玛峰的主峰高达 8853.5 米。而喜马拉雅山脉附近、长度超过 805 千米的喀拉昆仑山脉，其最高峰也高达 8616 米。至于南美洲，南北走向的安第斯山脉绵延 8045 千米，拥有众多高达 6710 米的山峰。分隔亚欧的高加索山脉，长约 1126 千米，多座山峰高度达到了 4572 米。北美洲落基山脉的最高峰是位于科罗拉多州境内的阿尔伯特山，主峰高约 4402 米。美国境内的最高峰是阿拉斯加州的麦金利山，主峰高 6197.6 米。欧洲最高山峰则是阿尔卑斯山脉中的勃朗峰，主峰高约 4810 米。

尽管高海拔地区占据了相当一部分地表，却并不适宜人类生存和居住。当一个人到达海拔 3500 米或更高的地方时，为适应当地大气压力和氧含量的变化，人体生理机能也会发生变化，以便使身体得到满足生理活动的氧气。这些生理变化在世代久居高海拔、严寒地区的人身上表现得尤为明显，与住在低海拔地区的人相比，他们的身材较为粗壮、矮小，四肢既短且粗，胸部厚实胸围宽广；其心脏较大，搏动缓慢而有力，毛细血管也较粗大，体内红细胞含量比低地区的人普遍高出约 20%；为尽可能地吸收氧气，其肺泡的伸展程度也比低海拔地区的人大；为了抵御高寒低压以及雪地反射的耀眼强光对视力的影响，他们的双眼周围形成了富含脂肪的厚重眼袋。

高海拔地区除低压对人类造成影响外，还具有严寒、风雪、雷暴、浓雾、氧气稀薄、强紫外线辐射以及天气变化频繁等不适宜人类活动的特点，有时高海拔地区剧烈的暴风雨雪天气甚至会切断当地与外界联系达数周或更久，而雪崩、岩体滑落垮塌也时常发生。在这样的条件下，气候和地理环境往往比敌人的火力更加致命。一些在低海拔地区的轻伤，如子弹或弹片对人体的擦伤在高海拔地区可能很快就会加重为致命的伤势。士兵剧烈的战术动作也有可能造成骨折、肌肉挫伤、内伤及体表的大裂口。即便不直接参加战斗，持续停留在高海拔地区也危险重重，冻伤、高山病、高原肺水肿、脑水肿、晒伤和雪盲症等病痛都需要格外注意。在精神方面，持续的压力和生理上的不适常会导致病态人格、行为失常等。在生存方面，高海拔地区的掩蔽所常使用煤油炉加热，封闭环境中的煤油炉燃烧常散布出厚重烟尘，使人体感到不适。

在高海拔山区艰难行动的狙击小组

在高海拔地区，各类装备要么失效，要么性能大打折扣。平均而言，车辆在高海拔地区可丧失 20% ～ 25% 的运载能力，耗油量却增大 75% 以上。由于大气稀薄，炮兵的射击表也不再准确，炮弹在这种环境中由于空气阻力变小往往飞得更远。至于因严寒导致润滑油冻结、气象条件不允许直升机起飞以及环境对汽油动力车辆的限制，更增加了物资需求和后勤补给的难度和强度。由此可见，在高海拔山地作战，后勤补给是关键，物资集散地的位置更是作战行动的关节点。后勤终端（山地环境下，能够依靠机械动力进行物资运输的终点）到战线前哨站之间距离的长短，直接决定了前哨站可配置的部队数量。这个距离越长，就需要更多的补给来维持前哨站的驻军。

美军狙击手在直升机上观察积雪山区的目标

加拿大陆军狙击小组利用雪橇车在高海拔山区机动

在高海拔山地行军也极其危险，天气变化频繁，行军纵队在暴风雨、雪或浓雾中易迷失方向，前方部队留下的路标可能很快就会消失在积雪中，有时脚下看似安全的雪地可能会突然崩塌并吞噬攀行人员。在这类山地地形上，视线内的直线通信质量非常好，而一旦被阻隔，比如山峰一侧与另一侧联系则会变得非常困难。因此，通信站点的选择必须非常谨慎，这些站点也常成为关键地点。这种环境中，具有自动跳频、加密和猝发功能的甚高频无线电作用明显，但其配用的常规电池在严寒环境中有可能很快失效，因此为其配备锂离子电池必不可少。这些高山之巅通常密布国有、军用、商用、电视发射及中继台站，因此也是国家通信基础设施的重要组成部分。若狙击手成功摧毁此类设施，将大大削弱敌军的战斗力。

狙击手在积雪山地上艰难行进

在高海拔山区作战的狙击手

日本陆上自卫队狙击手在积雪山区训练

在高海拔山地行军时，机动量往往按时间而不是按距离来计算。下表显示出受过训练、适应了当地环境的人员和动物的平均机动时长：

| 战斗力受影响情况 | 海拔 3000 米以下 | | 海拔 3000 ～ 4000 米 | | 海拔 4000 ～ 5000 米 | | 行军后休息时间 |
| --- | --- | --- | --- | --- | --- | --- | --- |
| | 步行时间 | 骑行时间 | 步行时间 | 骑行时间 | 步行时间 | 骑行时间 | |
| 不影响战斗力 | 8 小时 | 10 小时 | 6 小时 | 8 小时 | 4 小时 | 6 小时 | 6 小时 |
| 影响战斗力 | 10 小时 | 12 小时 | 8 小时 | 10 小时 | 6 小时 | 8 小时 | 12 小时 |
| 极大削弱战斗力 | 12 小时 | 14 小时 | 10 小时 | 12 小时 | 8 小时 | 10 小时 | 24 小时 |

机动地域的地形陡峭程度、人员的身体素质以及部队对高海拔山地的适应性则决定了机动的距离。下表列出了山地部队在高海拔山地的平均机动速度：

| 地表起伏坡度 | | 中低海拔地区 | | 高海拔地区 | |
| --- | --- | --- | --- | --- | --- |
| | | 步行速度 | 骑行速度 | 步行速度 | 骑行速度 |
| 0 ～ 4% | 下行 | 4 千米 / 时 | 8 千米 / 时 | 4 千米 / 时 | 7 千米 / 时 |
| | 上行 | 4 千米 / 时 | 8 千米 / 时 | 3.7 千米 / 时 | 7 千米 / 时 |
| 5% ～ 9% | 下行 | 4 千米 / 时 | 8 千米 / 时 | 4 千米 / 时 | 7 千米 / 时 |
| | 上行 | 3.7 千米 / 时 | 7.3 千米 / 时 | 3.7 千米 / 时 | 6.5 千米 / 时 |

狙击手在雪地上使用三脚架稳定狙击步枪

在积雪山林中训练的狙击手

美军狙击手在高海拔山区进行实弹射击训练

在雪地上以卧姿射击的狙击手

美军狙击手在高海拔山区进行实战训练

身穿白色吉利服的狙击手

藏身在雪堆中的狙击手

利用积雪孔洞进行射击的狙击手

狙击手在雪地中使用望远镜观察目标

匍匐在白色伪装网下的狙击手

## 👉 高海拔山地的作战模式

高海拔山地的作战模式主要有两种：第一种作战模式是两国对接壤的边境地区存在争议，并沿争议地区的分界线驻扎军事力量，守卫实际控制区域。这种情况下，冲突双方根据边界线配置防御力量，并沿此防线在相对固定的位置展开阵地战，至于防线所处的高度并不在考虑当中；第二种作战模式是战斗并没有相对分明的阵地和防线，通常是小规模的游击队、武装走私集团、匪徒或邻国武装力量沿山体横断面一侧建立前进阵地，随时与遭遇到的敌方力量进行战斗。这种情况下，战斗通常发生在林线以下双方遭遇的地域，并非自然地集中于边境地区。

对于在高海拔山地交战的双方军队来说，首要的敌人是所处环境，其次才是对手。在这类作战环境中，高地并不总会成为双方关注的重要地域，双方指挥官通常更关注利于机动通行或靠近补给线路、后勤终端和中继补给站的地域。至于战斗的主要力量，则以轻步兵和山地炮兵为主。

高海拔山地作战中，进攻性作战行动包括渗透、伏击、突袭、巡逻、火炮攻击、有限的空中突击和攻击作战等，至于追击则很少进行；包围是最常见的策略，正面进攻的方式只有在迫不得已时才会采用。防御性作战行动则包括反渗透、伏击、巡逻和阵地防御等。至于原地换防等行动，通常也只限于低一级单位。

高海拔山地作战中的进攻行动多集中于通过封锁道路通行、阻止敌人获取补给并控制输送线路、俘获敌方营地及中继补给站点、摧毁输送力量等方式，阻断敌方的后勤补给。前线进攻部队如果仅歼灭敌方巡逻队、突击敌方炮兵阵地等，虽然能鼓舞己方士气，但对敌方造成的实际伤害并不大。由于地形对后勤补给的限制，高海拔山地的进攻性作战任务通常由小规模的部队执行，这样易于补给和保障，太多的部队反而会妨碍行动。部队在这类地形机动时，多采取小队集群步行前进方式。由于攻击位置离营地很近，目标近在咫尺，所以进攻一方在到达攻击位置的过程中并不会被运动耗尽体力，并且因为用时减少，减少了遭遇山地多变的恶劣天气的可能。

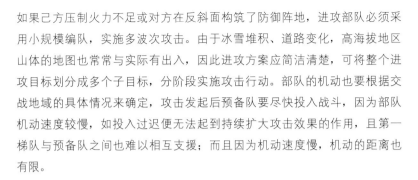

如果己方压制火力不足或对方在反斜面构筑了防御阵地，进攻部队必须采用小规模编队，实施多波次攻击。由于冰雪堆积、道路变化，高海拔地区山体的地图也常常与实际有出入，因此进攻方案应简洁清楚，可将整个进攻目标划分成多个子目标，分阶段实施攻击行动。部队的机动也要根据交战地域的具体情况来确定，攻击发起后预备队要尽快投入战斗，因为部队机动速度较慢，如投入过迟便无法起到持续扩大攻击效果的作用，且第一梯队与预备队之间也难以相互支援；而且因为机动速度慢，机动的距离也有限。

由于人员、物资有限以及后勤补给困难，高海拔山地的防御作战行动同样很艰难。在沿边境布防时，一个营的防御正面通常可延伸至 7300 米，一个连的防御正面约为 1400 米，形成了宽正面、浅纵深、大间隙的防御态势。此外，一个整营的部队在实际防御行动中，很少同时进入阵地，以一个连为例：通常只有一个排占据整个连防御正面，剩余其他部队则作为预备队驻扎在一线阵地后方海拔较低的营地内，这样有利于减缓恶劣环境对战斗力的影响。一个排通常只能在高海拔山地防线驻守 10～14 天，之后便应轮换调防其他排级单位，而整个连每 3～4 个月也应换防到海拔更低的地区进行休整和恢复。这意味着高海拔山地宽正面的线性防御阵地，主要是以一连串配备有机枪等自动火力的坚固据点作为支撑。至于在反斜面修筑的防御阵地，则主要在正斜面观测站的配合下，以曲射火力杀伤正面敌军，这种防御方式更是高海拔山地防御战中的首选。当然，建立在反斜面上的防御阵地由于缺乏顶部掩蔽设施，也易遭受敌方空爆弹药的打击。

对于在高海拔山地进行防御的部队来说，大量的日常勤务是防止积雪完全覆盖防御阵地，覆没通行的小路。由于防御地域广大，传感器在这里非常有用，并且不易被积雪所覆盖。此外，由于道路经常因天气等原因而封闭，以及输送不便，这些地区的防御工事、阵地，除具有防御用途外，还应能储存一定物资，以供守备部队独立固守阵地数日。

高海拔山地进攻和防御行动都包括山地巡逻，因为小组人员的巡逻较为危险，所以通常以排级规模的部队编成巡逻分队；而单个巡逻分队在山地环境下也意义不大，更常见的是编成多个巡逻分队分批出巡。每个巡逻分队出发时，当地的向导和前卫侦察组必不可少，还要制订详尽的巡逻计划，并指定预备队和接应部队。由于双方担负侦察任务的巡逻部队常在途中相遇，因此遭遇战成为巡逻分队主要的作战样式。

突袭战术也是高海拔山地进攻和防御作战中经常使用的战术，经过周密计划的部队突袭对方据点，完成任务后迅速撤离。这类突袭不以长时间占据敌方目标为目的，只是一种为俘获敌方人员和装备、捣毁敌军设施、诱骗吸引敌军注意、打击对方军心士气的临时性手段；而且由于作战持续时间短，其后勤负担也远小于一次有准备的进攻行动。

美国陆军狙击手在阿拉斯加积雪山区训练

美国海军陆战队狙击手在积雪山区训练

加拿大狙击小组在高海拔山区训练

潜伏在雪地中的韩国陆军狙击手

俄罗斯陆军狙击小组在高海拔山区训练

俄罗斯陆军狙击小组以雪堆为掩蔽物

在积雪山林中训练的斯洛伐克陆军狙击手

身穿雪地迷彩服的芬兰陆军狙击手

## 5.3 | 山地作战的素质要求

尽管狙击手都是百里挑一的精兵，但在山地作战尤其是高海拔地区作战对狙击手身心素质的考验极大，所以必须在战前进行严格挑选，以免出现不必要的非战斗损伤。

在高海拔山区，由于大气压力稀薄且氧气含量低，人会感到呼吸困难。在选择执行高海拔山区任务的狙击手时，应根据他们身体对高海拔山区的适应性进行筛选。他们应当有优秀的身体素质，健康的心肺功能。个子小、身材瘦长的狙击手比高个、肌肉结实的狙击手更能适应高海拔环境，被挑选的狙击手也必须拥有超出平均智商的智能，以使其能更快地适应极具考验性的环境。而那些接受过放射状角膜切开术以矫正视力的狙击手不应被挑选到高海拔山区作战，因为在当地的环境中，他们的视力有可能受到永久性损害。

所有符合条件的狙击手在真正进入高海拔山区前，都应接受适应性训练，强化其心血管和呼吸功能以使其尽快适应新的环境，一名生理条件合格的狙击手可在 3 周内适应严寒环境，2 周内适应高海拔的低压和低氧条件。在适应性训练阶段，其体内将产生更多的红细胞，如巴基斯坦山地部队的适应阶段超过 7 周，前 3 周他们在 3050 米海拔的地区停留，让狙击手们逐渐适应严寒，并在这一高度进行包括登山、攀岩、索降及山地生存在内的日常身体素质训练；后 4 周，狙击手们要学会并掌握更高级的登山技巧，他们需要反复跋涉不同高度的山地并安全返回，如最初是 4270 米的高山，接着是 5185 米的高山，最后是 5836 米的高山。

尽管高海拔适应性训练较为有效，但这一阶段的训练应严格控制在 5418 米以下，而所有在这一高度附近或高于此海拔高度的训练都要被严格控制并周密指导。此外，在高海拔山区进行适应性训练的人员也需要周期性地调整，其周期为 10 ~ 14 天。如印度陆军的高海拔适应性训练日程为 14 天，前 6 天在有一定海拔高度的地区进行训练，中间 4 天到更高一些的地方，最后 4 天则到达海拔更高的地区；其间，印度陆军的典型做法是组织接受适应性训练的狙击手在转换海拔高度不同的地区时，由后勤终端长途跋涉至下一高度的集结地点。

美国加州国民警卫队狙击小组

匍匐在雪地上的狙击手

美军狙击手在山顶观察山谷中的目标

正在进行山地射击训练的狙击手

美国加州国民警卫队狙击手正在进行山地作战训练

身穿吉利服在山区作战的狙击手

# 第 6 章

# 丛林狙击作战

丛林在军事上通常指的是典型的热带森林，同时也包括亚热带和温带森林地区的作战环境。由于丛林在世界分布广泛，其地貌几乎就是天生的战场，尤其是对隐蔽性要求极高的狙击手来说，丛林更是如鱼得水的战场。

# 6.1 | 丛林作战的历史

　　热带或亚热带丛林作战，在历史上可以追溯到冷兵器时期，分进攻作战和防御作战。冷兵器时代，在热带丛林，进攻时常采用象阵攻击或围困迫降战术消灭顽敌；防御时依托山寨，采用陷阱、绊索、滚石等方法杀敌。17 世纪，中国清朝军队在云南境内就曾多次进行过较大规模的作战。

　　热兵器时期的丛林作战，攻击时往往运用奇袭战法，以火力和白刃格斗实施进攻；防御时依托阵地，设置各种障碍物，以火力结合伏击战法，抗击敌人的进攻。与城市作战，丛林作战的人员伤亡率同样很大。一些研究统计数据表明，丛林作战的伤亡率至少与城市作战相当。历史上很多惨烈的战役都发生在丛林地区，比如 1944 年发生在德国亚琛附近的许特根森林战役。该战役是二战中美军和德军在许特根森林进行的一系列激烈战斗的统称，它是二战中在德国本土耗时最长的战役，也是美军历史上时间最长的单一战役，从 1944 年 9 月 19 日持续至 1945 年 2 月 10 日，战场在德国、比利时东部边境，范围超过 129 平方千米。许特根森林战役是美军历史上消耗最大、收获最小、指挥最不利的战役之一，美军投入约 12 万人，有 24000 人阵亡、失踪或被俘，另有 9000 人受伤和患病。德军投入约 8 万人，伤亡约 28000 多人。

许特根森林战役中的德军部队

　　1945—1954 年的法越战争，使大规模的热带丛林火力战、游击战、奇袭战、阵地战的战法得到进一步发展。20 世纪 50 年代中期发生的越南战争，更是现代热带丛林作战的典型范例。在越南战争中，交战双方通常在旱季进行较大规模的作战，以夺取或保守战略要地（目标）为主要内容；作战空间扩大，战役持续时间和间隙较短；空袭与反空袭、封锁与反封锁的斗争十分激烈；化学武器、燃烧武器和爆炸性障碍物得到广泛运用；游击作战、特种作战和机降作战与反机降作战得到很大发展。

　　有人认为，越南战争之后，丛林作战已经远离了现代地面战场。这种观念表面上看起来似乎有一定的道理，毕竟已经很久没有发生大规模的丛林作战。然而，没有发生不代表不会发生。整个冷战时期，北约陆军始终在关注欧洲北部森林地区的作战问题。美国国防部的研究报告表明，未来的大规模军事冲突有 80% 可能发生在热带丛林地区。西方军事专家也坚持认为，未来欧洲如果发生战事，丛林作战仍旧无法避免。

　　随着高科技武器的发展与应用，战场侦察手段的改进，指挥控制手段的自动化，诸军种、兵种在热带丛林协同作战的空间、规模将更加扩大，速决性将更加突出。丛林环境下的作战问题绝对不能回避，而且需要予以高度重视。应对丛林作战，最好的办法只能是加强人员的训练。关于丛林作战训练，通常丛林国家被认为具有独特的先天条件，因此其丛林作战能力较强，比如泰国、马来西亚、菲律宾和越南等国家。但事实并非如此，当今丛林作战的高手仍是以美国为首的西方国家。

　　之所以说以美国为首的西方国家是丛林作战的高手，原因在于，美国和北约军队在丛林战训练中注意到了丛林作战的整体性问题。而其他军队进行训练时，主要关注的仍是单兵的丛林战术素养。由于具有全球部署的先天优势，美军经常在亚洲和全球其他热带地区开展大规模成建制部队的训练演习。北约其他国家军队也高度重视丛林作战，采用了先进的丛林训练设施。英国军队的丛林作战能力较为突出，英国陆军尤其是特种部队的丛林作战水平举世公认，丛林作战训练已经成为英国特种部队训练的重要组成部分。

美国海军陆战队狙击手正在学习丛林作战

以树叶为伪装的狙击手

美国海军陆战队狙击手为日本陆上自卫队狙击手讲解丛林作战技巧

挪威陆军狙击手在丛林中训练

藏身在林地中的狙击小组

埋伏在树丛中的美军狙击手

正在进行丛林作战训练的美军狙击小组

## 6.2 | 丛林作战的特征

### 6.2.1 | 丛林的地貌特点

丛林是常见于赤道附近热带地区的森林生态系统，主要分布于东南亚、澳大利亚北部、南美洲亚马孙河流域、非洲刚果河流域、中美洲和众多太平洋岛屿。热带丛林分布的地区，年降雨量很高，通常高于 1800 毫米，有些地方达 3500 毫米。全年雨量分配均匀，常年湿润，空气相对湿度 95% 以上。这里没有明显的季节变化，白天温度一般在 30℃左右，夜间约 20℃。

热带丛林通常有 3 ～ 5 层植被，上面还有高达 45 ～ 55 米的树木像帐篷一样展开。下面几层植被的密度取决于阳光穿透上层树木的程度，照进来的阳光越多，密度就越大。热带丛林中的动物极为繁多，但以小型、树栖动物为主。另一特点就是种类多而单种个体较少。大象、河马等大型动物一般仅活动于丛林边缘或稍开阔的河谷地区。

在人类战争史上，丛林作战历来是交战双方十分头疼的问题，无论对人员还是装备来说都是一种挑战。在其他作战环境下具有的步兵技术作战优势，在丛林环境中通常都会大打折扣。丛林中往往生活着大量平民，依托丛林中的居民和丛林本身的良好隐蔽性，反叛武装组织、游击队和其他低水平装备的武装团伙能很好地生存和战斗。如果是游击战，由于热带丛林的多产性，丛林本身就能提供一部分食物。当代最先进的武器装备在丛林中往往无法获得预期的效果，要想彻底剿灭丛林中的游击队和武装分子绝非易事。

藏身于树干后的狙击手

在灌木丛中观察目标的狙击手

在树林中行走的俄罗斯陆军狙击手

## 6.2.2 | 丛林作战的难点

与城市作战和山地作战一样，受限于地形、气候和植被等条件，丛林作战也存在一些固有的难点。充分了解这些难点，有利于狙击手提前规避风险，并化"不利"为"有利"，有效利用丛林环境狙杀敌人。

### 👉 视野射界受限

热带丛林高达 80% 的植被覆盖率对光学侦察器材、热成像系统、雷达等高技术侦察设备都有一定的影响，使其功能得不到充分发挥。这些设备虽然仍有一定的作用，但其在丛林中的作用范围远不及沙漠和平原这样的开阔地带。

在丛林中的雾霾、烟云、降雨等条件下，激光、红外线强度的衰减相当严重，激光通过 5 千米的有雨地域，能量仅剩 1.8 %。红外光通过大雨距离 300 米，能量衰减 50%，非常不便于观察、指示与接收目标。大气中的水汽、尘埃和气溶胶粒子很多，对可见光和红外线的散射、吸收作用较大，使侦察器材和夜视器材的效果比原有效果降低了 20% ～ 50%，卫星、雷达也难以有效地侦察地面目标。

无人机是当前传感器搭载的理想平台，但无论是手掷式还是简易弹射式无人机，要想在茂密的丛林中找到一块发射空地都不容易。即使无人机真的飞到了树冠上空，高大树木的树冠也会严重影响无人机的数据传输。此外，无人机的夜视能力在丛林中也没有多大的用处，因为丛林常见的季风和暴雨气候会对无人机上的夜视装备产生较大的影响。

能见度不高也会影响射击效果，妨碍技术兵器作用的充分发挥。坦克在丛林地带作战，由于植被茂密和雨雾的影响，不仅发现目标和判定方位困难，而且不便于及时准确地捕捉目标，如果没有步兵、工兵的配合，很难单独行动。

完美融入周围环境的狙击手

## 不利部队机动

　　道路是军队实施机动和进攻的重要条件，军队机械化程度越高，对道路的依赖性越大，尤其大兵团和坦克、机械化部队，离开道路行动十分困难，甚至无法机动。因此，坦克、装甲车辆在热带丛林不能大量集中使用。并且，热带丛林山势陡峻连绵，多峭壁断崖和雨裂冲沟，山岭平均坡度超过40度，构筑道路的工程量很大，不便于使用机械作业；构筑道路多沿河傍谷，道路崎岖狭窄，多系土质和沙石路面，路况复杂，多隘路、险道、坡陡、弯曲，缺乏迂回路，雨季泥泞难行，一旦发生塌方、泥石流或敌实施工程爆破就会使山体崩塌而堵塞道路，行进的车队难以迂回或掉头。如果进行越野机动则需要穿林、过河，有时还要砍伐树丛开路前进，人员体力消耗大，机动速度慢，判定方位困难，易迷失方向。

在密林中穿行的狙击手

## 指挥协同困难

　　热带丛林群山、河流、村落、灌木林、水网稻田地等地貌、地物犬牙交错，地形极为复杂，对军队的作战指挥与协同极为不利，特别是对通信指挥的影响更甚。热带丛林多雨潮湿，通信器材元件容易受潮、霉变、损坏，从而导致技术性能降低、通信距离缩短甚至失去通话效能，使无线通信效果降低；在相阻隔地段，超短波通信难以沟通；有线通信线路的架设、维护、撤收和转移不便，使有线通信难度增大。

　　受诸多因素制约，在热带丛林作战组织协同也较为困难。一是部队机械化程度的提高和地形的限制构成了矛盾，给组织协同带来很大的困难。二是地形复杂，炮兵很难找到合适的发射阵地，火力机动的灵活性、快速性和打击力度会明显降低。三是诸军（兵）种协同作战时，冲沟峡谷易分割步兵、坦克战斗队形，各作战攻击群难以准时到位，整体协同不能正常进行，影响整体作战能力的发挥。四是部分地区地物、地貌变化大，许多现实地形与地图不相符，参战部队即使事先在地图、沙盘上反复进行协同演练，熟悉协同事项，到实际作战时的情况也可能会发生改变，给作战行动带来意想不到的困难。因此，在热带丛林军队若想实现"迅速、及时、准确"的指挥协同有很大困难。

狙击手使用伪装网在密林中搭建狙击阵地

## ☞ 保障任务艰巨

　　丛林山区人烟稀少，物资缺乏，军队补给几乎全部要靠后方供应，而热带丛林山岳连绵，地势险要，天气多变，极易导致交通中断，军需物资腐蚀、霉烂，人员发病率增高，这一切需要更多的物资供应和技术保障，从而无形中增加了后勤、装备保障任务的艰巨性。

　　1944 年 3 月 8 日，日军以 5 个师共 10 万人兵分三路，企图夺取盟军反攻基地依姆法尔，因后勤保障仅完成 18%，各部队仅带了 2 ～ 3 周的口粮，牵上大群牲畜（牛、象 2 万头，山羊数万只），沿途先依靠牲畜运输，吃完粮食再吃牲畜，企图以这种原始补给手段支持一个月，但经过 20 多天艰苦的丛林行军，马匹死亡过半，牛羊几乎丧失殆尽，还未开始反攻，粮食就已耗尽，只好以芭蕉心、菠萝根和野菜等充饥，陷入了绝境。战后，日军总结此次战役经验时指出：这是"轻敌和忽视补给所造成的"。

藏身于树丛中的狙击手

## 非战斗减员多

热带丛林植被茂密，有毒植物四处滋生，虫兽繁多。杂草丛生及温热的环境极易滋生霍乱弧菌和病源微生物，致使各种疾病流行。如痢疾、疟疾、肝炎、勾端螺旋体、乙型脑炎、恙虫病、霍乱和各种虫咬性皮炎。另外，由于疲劳、潮湿而引起的综合疲劳征和手脚溃烂、裆部溃烂，很容易降低部队士气容易，甚至出现大量非战斗减员，严重削弱部队战斗力。

1944 年，在东南亚作战的英军中，因疟疾住院的达 19 万人，而战伤住院的仅 2 万人。1944 年，参加依姆法尔战役的日军，由于忽视丛林伤病的急救与防护，一味强调唯意志论的"武士道精神"，战斗中几乎 100% 的人员都患了疟疾，仅因疾病减员即达 3 万余人。法国军队在法越战争的 1945—1950 年中，患疟疾、痢疾的人数占部队总数的 42.2%，病死的人数为战死人数的 4 倍。1965 年在越南德浪河流域作战的美军，疟疾发病率高达 60%。据统计，美军在越南战争期间，一般情况下，非战斗减员为 9%，其中患疟疾、热性病和痢疾等病的就占 3%。

狙击手使用带有面纱的奔尼帽防止蚊虫叮咬

## 6.3 丛林作战的武器应用

　　热带丛林的高温度、高湿度和较大的降雨量对人和武器都是严峻的挑战。茂密的植被极大削减了武器、传感器和通信装备的作用范围，人的耐力和武器携载能力也被严重削弱。然而，丛林环境对武器的影响绝不仅限于此，而且还有最终的效果问题。树木能有效吸收爆炸破片，而树叶能折射密集火力射出的子弹。

　　对于这些问题，二战和越南战争已经给人类留下严重教训，其中所揭示的经验和教训到今天仍有重要的实战参考意义。历史上任何一次丛林作战，重型武器都不是主角，这点到今天仍然是真理。现在人们津津乐道的精确制导武器在丛林中依旧难以完全发挥优势：由于在丛林中从来不缺木材，因此建造坚固的木质仓库甚至很深的地下通道十分容易。这些用木材建成的建筑物和工事很难被精确瞄准，因此精确制导武器的作用会受到严重影响。

　　丛林环境可使交战双方的武器装备水平回归到同一起跑线——轻武器。热带丛林作战中可使用的轻武器主要包括枪械、手榴弹、地雷、枪榴弹、榴弹发射器、火箭发射筒和无后坐力炮，此外还有轻型喷火器和单兵导弹等。了解丛林作战中适宜使用武器的特点，有助于狙击手灵活应对各种局面。

　　丛林作战中，鉴于狙击步枪射程远、射速慢、精度高的特点，狙击手要注意隐蔽，并开阔视野和射界，以便发现和消灭较大范围内的高价值目标。同时，狙击手应多点配置，尽可能扩大战果；机枪主要用于面杀伤，要选择在一线敌人必经之处，视野和射界开阔的位置，以达到最大的杀伤效果；自动榴弹发射器射程远、杀伤面积大，但易遭敌方火力压制，要配备在一线后、二线前的有利位置，用于大量杀伤敌人的散兵。武器使用中还应注意，战术作用不同的武器在同一方向上要合理编组，共同应对某一方向上的多重威胁。

如在防御战斗中，在某个方向上，既要有消灭敌方步兵的突击步枪、机枪，也要有反装甲的火箭筒和无后坐力炮；既要有实施精确打击的狙击步枪，也要有能够快速进行面杀伤的榴弹发射器。总之，要在某个方向上形成远近结合、左右重叠的火力配置。

匍匐在林间地上的狙击手

在丛林中作战的美国海军陆战队士兵

正在进行丛林作战训练的哥伦比亚陆军士兵

　　热带丛林给地雷的使用提供了良好的条件。为抗击敌人的偷袭，可设置压发雷、绊发雷、遥控雷以及路障、陷阱、带刺铁丝网等，构成混合雷场和障碍带。在重点地段和敌人可能利用的通路、山间小道上，布设一定数量的触发雷，待敌方偷袭时触雷自伤，并用步炮火力给予有效的打击，将敌人歼灭于阵地前沿。

守点防御中，敌人随时可以派出小分队偷袭阵地，可使用防步兵地雷抛撒器和定时自毁雷抛撒器，直接将地雷抛撒到敌人阵地前沿和表面阵地，使敌人稍有行动即有触雷危险。坚守防御作战中，当敌人以一定规模的兵力发起突然袭击时，可在敌人进攻的路线上，用各种抛撒器快速向敌人已展开的进攻战斗队形中抛撒布雷，使敌人进退时均易触雷，以此迟滞敌人进攻速度。同时，用各种火器给困于雷场的敌人以有力的杀伤，最终击退敌人的进攻。

为打击渗透和偷袭的敌人，减少对己方防御阵地的威胁，可采取两种手段：一是在判明敌人渗透、偷袭路线和具体方位后，向敌人后方抛射自毁雷和触发雷，封锁敌人退路。二是在敌人可能偷袭的通路上预埋遥控雷，待敌人靠近阵地时，先以火力阻击；待敌人退回时，再起爆遥控雷，炸伤来犯之敌。

正在丛林中设置地雷的步兵

除地雷外，轻型火炮也是丛林作战中的必备武器，一般采用口径 100 毫米以下的迫击炮等。这种火炮携带轻便，使用灵活，可直接配属步兵分队行动。

但由于丛林作战目标分散，火力需求量大，且弹药补给困难，多数情况下炮兵班自身携带的弹药难以保证战斗需要。在这种情况下，可以采取少带火炮、多带炮弹的方法。为了加快火炮在丛林地形上的火力反应速度，还可以实施简便射击，即炮手仅用炮身不用支撑架和底板而进行的射击。

# 6.4 | 丛林作战的攻防战术

依据热带丛林的环境特点和其对作战行动的影响，热带丛林进攻作战通常运用以下战术。狙击手可在己方采取以下战术时予以配合，也可在敌人采取以下战术时予以狙击。

## 梯次编组，连续突进

在丛林地区作战，进攻方一次不可能投入较多的兵力。多梯次编组、连续突进是为适应地形，针对敌方纵深梯次部署特点配备兵力的方法。它既可解决兵力拥挤的问题，又可使攻击保持强大后劲。多梯次编组就是不局限 2 个或 3 个梯队，而在地形狭窄的地段使用合成分队攻击，多梯次轮番攻击，连续突进。

在丛林中作战的三人狙击小组

## 划分区域，责任包干

沿通道攻击，连续突进，在攻击方向上通常没有谁是主攻，谁是助攻之分，各梯队都担负攻击、搜剿的双重任务。在给各梯队规定任务时，应以通道为轴线，首先明确攻击任务的纵深，而后明确向两翼搜剿的正面宽度，构成各梯队以通道为经线，以任务纵深为终点，以向两翼搜剿的正面宽度为纬线的歼敌区域。各梯队在自己的歼敌区域内，根据上级所规定的时间，包突破、包搜剿、包歼敌、包占领。这个战法能有效歼灭敌人，巩固占领地区和后方，制止敌方自由聚散与我方周旋。

正在进行丛林作战训练的两人狙击小组

## 超越发展，两翼搜剿

前梯队纵向突入攻击终点后，应迅速向通道两侧搜剿，让出通道；后梯队顺突破口立即超越前梯队，向自己的目标攻击。此时，前梯队尚未完成进攻任务，正在横向搜剿，后梯队就超越攻击，在同一时间内，前梯队横向搜剿，后梯队纵向突击，变一面攻击为三面攻击，变"层层剥皮"为"中心开花"，多方向攻击。这种先突贯、再搜剿的"钻心"战术，既利于同时展开较多的兵力，有效增大攻击面，又能加快攻击速度，使战前的冗长队形在战斗开始后，能展开较多的兵力于多方向发挥威力。

身穿吉利服在丛林中搜索敌人的狙击小组

### 👉 打剿结合，夺保同步

　　丛林地区进攻，必须攻击、搜剿紧密结合，才能全歼敌人，巩固占领地区。这是与一般地形进攻战斗的又一不同之处。无论是沿通道攻击，还是在其他方向夺取要点，敌方部队被歼灭一部分后，可能会分散钻进洞穴、丛林之中，也可能退守坚固工事，这是惯用的游击战术，其目的是为了保存实力，寻机再战。因此，攻击方必须重视搜剿作战。一是断敌退路，先围后剿，防止敌方利用间隙逃跑和接应突围。二是注意控制要点，卡住山垭口（要道），以要点为依托，组织好搜剿火力和协同作战。三是注重割裂各股潜藏敌人的联系，制止其机动和合股，同时还应防止其从侧后袭击搜剿部队。

二战中在太平洋丛林作战的美军步兵

## ☞ 空中攻击，立体封锁

使用武装直升机打击敌方：一是实施空中攻击。使用武装直升机以火力直接配合各梯队的突破，夺占要点，突击通道两翼的敌方集团目标；二是实施立体封锁。以运输直升机运载步兵在指定地区实施机降，夺取纵深目标，或以武装直升机实施定点突击，断敌退路，阻敌增援，实施立体封锁。越南战争后期，美军曾从国内调集了大量武装直升机，每次组织攻击时，都以武装直升机实施超低空攻击来掩护步兵的行动。

越南战争中的美军直升机

### 分割牵制，削弱敌人

　　沿通道攻击应避免出现全部兵力正面对垒的情况，要积极设法削弱敌人。因此，应该切断攻击目标与外部的联系，实施多方牵制，造成有利的攻击态势。一是灵活牵制。各攻击梯队在兵力使用上要实施多路多方向攻击，立足于以次要兵力牵制住更多敌方兵力，保障主要突击分队的行动；二是多路穿插。由于地形条件的制约，长距离、大兵力穿插受限，应由小分队实施短距离多路穿插，充分利用地形隐蔽、敌方防御间隙大等有利条件，广泛运用穿插战术，占领敌方纵深内有战术价值的目标，将敌方分割包围，各个歼灭；三是火力分割。在不易或不宜使用兵力穿插分割时，应运用炮兵、航空兵或武装直升机以火力分割敌方防御部署。

在丛林中作战的美国海军陆战队步兵小队

### 卡口制道，阻敌突破

　　现代条件下的丛林作战，道路和要点将成为争夺的焦点，只有夺占或扼控要点，才能确保防御的稳定性或便于反击。具体战术如下：一是卡住口子。集中兵力于口子上，使兵力与地形、工事、障碍融为一体；二是扼守要点。依托要点阵地，以顶、拖、反紧密结合的战术手段，削弱敌人的锐势，歼灭敌人；三是封闭突破口。当敌人突破前沿，防御方的部分阵地被敌人占领时，必须调整部署，封闭突破口，制止敌人向纵深扩张；四是积极组织袭扰。在一线防守区前面的掩护区或游击区以合成小分队袭击的方式，扰乱、迟滞、消耗敌方，减弱敌方进攻势头。

正在监视交通要道的哥伦比亚步兵

## ☛ 多法并举，攻势耗敌

热带丛林防御作战，需要在有利条件下积极大胆地实施攻势行动。具体战术如下：一是阵内伏击。伏击具有突然性、主动性，可以逸待劳，节省兵力，歼敌于运动中，对于制止敌方战役扩张、稳定防御具有积极的作用，是丛林地区具有良好的隐蔽条件下最有效且易于实施的战法；二是反突击。反突击是消灭突入纵深之敌、挫败敌进攻、改善和稳定防御态势的重要手段，实施反突击的关键在于战机的把握；三是侧后突击。针对作战对象和热带丛林的自然地理特点，可采取侧后突击这一行之有效的战术行动。担任突击任务的机动力量必须靠前，适当分散、相对集中配置，即按不同的作战方向，将大部分兵力分别配置在纵深防守区及其附近便于机动的地区，一小部分兵力配置在预定的反突击、反空降以及伏击歼敌地区。

埋伏在丛林中的狙击小组

### 防打结合，合力抗击

充分利用热带丛林的复杂地形，把立体多维侦察、火力杀伤、电子攻击和对敌实施积极有效的打击有机结合起来，有重点地打击敌人，削弱其整体进攻能力，争取主动有利的战场态势。同时，把各种作战空间、作战力量、作战兵器、防御设施有机地结合起来，形成整体合力，综合运用各种作战方法和手段，抗击敌方立体进攻。在主要防守区内，应形成正面与翼侧、地面与空中、阵地与障碍相结合的有重点的全方位防御体系，坚决制止敌方立体突破。在外围游击区，应配置主力部队和其他合成小分队相结合的作战力量，加大敌后破袭的力度，广泛袭击、扰乱、牵制敌人，使其难以全力向我方实施进攻。在防御区内，充分发挥防御要素的整体作用，各个击破进攻之敌。总之，要调动一切有利因素，在整个防御体系内不留死角，给敌人以沉重打击。

正在等候目标的狙击手

## 6.5　丛林作战的运动技巧

与城市和山地环境相比，丛林环境最大的特点就是隐蔽性强。从战时人员密度看，即使是一片面积仅为 2 平方千米的小树林都能隐藏一定数量的军事人员，面积达到 5 平方千米的丛林则可以隐藏成建制的部队。在 1999 年科索沃战争中，南联盟设法将大批军队藏在森林和丛林地带，以躲避北约的空中侦察和打击。据当时北约评估，如果派地面部队占领南联盟，丛林作战可能会使其遭受巨大损失。正是基于这一因素，北约最终没有对南联盟实施地面入侵。

在丛林中小心前进的美国海军陆战队三人狙击小组

人林中弓身前进的狙击手

　　丛林环境隐蔽性强的特点有利于狙击手藏身，但狙击手在移阵地时，这种特点又会成为极大的阻碍，因为狙击手无法预知丛林茂盛的植被中哪里藏着敌方士兵，尤其是威胁极大的敌方狙击手。因此，狙击手在丛林环境运动时，必须遵循一定的原则和技巧，避免自己稀里糊涂地牺牲。

利用小枝条伪装自己的狙击手

在头肩等部位插上干草作为伪装的狙击手

　　传统观点认为，直升机对于丛林作战的战术机动会发挥重要作用。除了南美洲为数不多的一些高山地区，很少有直升机飞行高度无法到达的丛林地区。但即使在今天，直升机在丛林作战的局限性依然很明显：直升机在高温、高湿度的环境下工作，其发动机和传动装置会严重受损破裂。尽管现代武装直升机都加装了防护装甲，但直升机在地面火力面前仍显脆弱。而丛林里的对空轻武器具有很强的隐蔽性，直升机在丛林上空飞行经常会受到狙击步枪、高射机枪、小口径高射炮甚至肩扛防空导弹的致命威胁。因此，徒步行进仍是丛林作战的主要运动方式，而且十分艰辛，在一些地域，每天的行军速度甚至会低于 5 千米。另外，由于受到丛林中湿厚植被的影响，全球定位系统的卫星信号受到很大限制，在丛林中很难定位，狙击手运动时将不得不重新依赖传统的地图和指南针。

美军狙击手在直升机上观察目标

借助绳索在丛林中行动的狙击手

在丛林中行动的美国海军陆战队狙击小组

在丛林中作战的两人狙击小组

在丛林中巡逻的狙击手

日本陆上自卫队狙击手练习丛林爬行

# 第 7 章

# 反狙击作战

现代战争中，尤其是在治安等非常规战场上，狙击手的狙击令人防不胜防，普通士兵往往谈虎色变。在面对狙击手时，士气大为下降，作战主动性降低。如何避免狙击手的精确射杀，是军事界的难题。

# 7.1 反狙击作战概述

在现代军事策略中，反狙击战术伴随着狙击战术的发展而不断进化。反狙击作战的目的在于减轻敌方狙击手对己方部队的伤害，因为这种伤害往往同时是生理（战斗效能）和心理（士气）上的双重伤害，对己方部队极为不利。

在很多影视剧中，狙击手往往会一击致命，已经到了出神入化的地步。要想找到并击杀这些神出鬼没的狙击手，看起来并不容易。但在实战中，真正能够达到这种境界的狙击手，永远只有一小部分。事实上，狙击手在战场上的天敌非常多，一位扛着狙击步枪的新手，很难在这些威胁中生存下来。

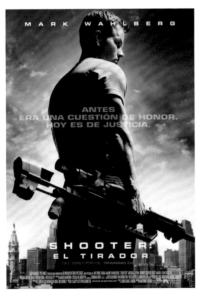

以狙击手为主角的电影《生死狙击》和《重装悍将》的海报

狙击手射击的次数越多，其暴露的可能性也越大。所以防御方有时采用将头盔稍微伸出隐蔽处的方法用以诱惑狙击手射击。苏芬战争中，芬兰军队就找到了专门对付狙击手的方法，也就是在战场上设置伪装成军官的稻草人诱饵，苏军狙击手往往无法拒绝这种简单目标的诱惑。一旦苏军狙击手开枪，就会暴露自身位置，芬兰军队就会使用大口径反坦克步枪将其击杀。

在疑似藏有狙击手的危险地带里，一些国家的军队还会使用一种很古老的战术，将布条拴在灌木丛中。布条会在微风下飘动，从而干扰狙击手的观察。这种战术的优点在于简单方便，尽管它并不能阻止一名优秀的狙击手选择下一个目标。

现代狙击战术出现后，炮火覆盖一直都是有效的反狙击战术。被狙击一方一旦通过枪声、弹着轨迹等因素大致推断敌方狙击手所在方位后，轻则由连属迫击炮班组对推断目标进行打击，重则直接呼叫上一级的炮兵营用更大口径的榴弹炮发射高爆弹药覆盖。作为一种曲射火炮，迫击炮在对付狙击手时颇有奇效。一般来说，班、排、连一级的步兵部队都会配备迫击炮。除了轰杀狙击手之外，迫击炮还有一个功能，就是施放烟幕弹，遮蔽狙击手或观测手的视线。

在烟幕前方奔跑的狙击小组

在发现敌方狙击手之后，重机枪和高射机枪也是非常有效的武器。重机枪是步兵的噩梦，对于暴露行踪的狙击手来说同样如此。被 12.7 毫米口径的重机枪命中一发，狙击手就会拦腰截断。鉴于狙击手是非常让人痛恨的家伙，一些火力强大的部队有时候甚至会使用高射机枪、坦克炮来攻击狙击手。伊拉克战场上美军对付反美武装的狙击手时，甚至会动用飞机对狙击手的藏身地进行地毯式轰击。

菲律宾陆军步兵小队正在搜剿城市中的狙击手

为了防止被狙击手偷袭，一些老兵还会在狙击手可能设伏的地方设置反步兵地雷、绊发手榴弹、烟幕弹、陷阱和信号弹等。陷阱可能杀不死狙击手，但是中陷阱之后意味着暴露，那么结果显而易见。在缺乏反步兵地雷时，可将绊线与手榴弹、烟幕弹和信号弹连接构成陷阱。即使该陷阱不足以杀死狙击手，也会将其准确位置暴露。陷阱应当设置在狙击手隐蔽处的周围，或在狙击手可能选择的撤退路线上。

城市作战最能发挥狙击手的作用，重装甲车辆与步兵协同作战在此时可以扮演反狙击的重要角色，装甲车辆可掩护己方步兵并且搜索狙击手可能藏匿的建筑物加以摧毁。装甲车辆可以装载更具有效率的光学器材搜索狙击手的位置，而步兵在装甲车辆的掩护之下也可担负扫荡城镇中敌方反战车小组的任务，保护装甲车辆不受到敌方反装甲火力的伤害，取得相辅相成的效果。

美军狙击手在装甲车的掩护下作战

除了上述反狙击作战方式，还有一种最有效、最经济的方式——以狙对狙。研究和实践均表明，反狙击作战的最好方式仍然是狙击作战，也就是说狙击手的克星仍然是狙击手。只有狙击手本身，才最了解狙击手的作战特点，从而有针对性地进行反制。而使用狙击手进行反狙击作战，也远比其他方式更加精准和经济。

身穿吉利服耐心潜伏的狙击手

正在监视目标的两人狙击小组

# 7.2 狙击手反狙击作战

为了反制德军的狙击手，英国在一战期间开办了第一所军事狙击手学校。20 世纪 50 年代中期，美国步兵训练学校成立了美国陆军射手训练营，这就是美军狙击手学校的前身。该校的训条是：对付敌方狙击手的最佳方法是指派另一名训练有素的狙击手。

狙击手之间的对战，发现目标是很重要的一环。猎杀敌方的狙击手，有一种被称为 SLLS 的追踪方式，即"停止"（Stop）、"观察"（Look）、"听"（Listen）、"闻"（Smell）。一旦认定有敌方狙击手就在驻地附近时，执行反狙击任务的狙击手要搜集情报、研究地图或航拍照片，判断敌军狙击手的可靠位置。他应该问自己：如果我是他，我会怎样完成任务？另外，还可以引导地面侦察小组搜索敌人可能躲藏的位置以及遗留的物品、脚印等。

在枯草地中以站姿射击的狙击手

埋伏在枯草地中的狙击手

　　通常情况下，寻找敌方狙击手的最好方法是通过枪声、植物的异动、子弹射入角和敌方可能利用的有利地形来进行判断，这种方法简单有效。当发现有己方人员遭受敌方狙击手袭击时，在开阔地带最好拼命疾跑，迎着枪口或背对枪口时采用 Z 形路线，侧对枪口时则采用时快时慢的跑法，直至找到最结实的掩蔽物躲藏起来。如果与敌方狙击手的距离较近，就不要试图通过疾跑的方式躲避攻击，最好的方法是边跑边向敌方狙击手的大致藏身方向开火进行压制或投掷发烟信号弹进行干扰。

　　在反狙击行动中，狙击手还应该与指挥官协调任务区域内己方部队的行动路线和火力布置，安排步兵分队或其他狙击小组提供支援或伏击敌方狙击手，并以诱饵引诱敌方狙击手开火暴露其位置，例如用伪装服做一个假狙击手。

伊拉克狙击小组使用头盔诱敌

　　执行反狙击任务时，狙击手必须做到对周围正在发生的战斗视而不见，专注于搜寻和击杀敌方狙击手。另外，在找出和击杀敌方狙击手前，己方部队应实施以下反狙击措施。

（1）不要固定日常活动的时间表，如进餐时间、弹药补给时间、各类集会或任何每天都进行的活动。

（2）所有的会议、简报或任何聚集人群的活动都必须在掩体内进行。

（3）遮盖或隐藏所有重要设备和补给品。

（4）摘去头盔和衣领上的军衔标志，不要向军官行礼，军官们也不应该凸显自己的领导身份。

（5）增加战场监视能力，如增加观察哨和巡逻队等。

（6）简短地巡逻以寻找单发消耗的弹药、不同的伪装材料等。

当上述行动展开时，执行反狙击任务的狙击手不能以狙击手的形象出现，以防被隐藏的敌方狙击手锁定。另外，不要轻视任何女性。据不完全统计，许多第三世界国家的军队狙击手有 5% 是女性。如果巡逻队或哨所发现一名女性携带着一支带瞄准镜的步枪，那她就是一个致命的杀手。

正在训练的女性狙击手

## 7.3 | 反狙击手探测系统

当双方狙击手对峙时，先敌发现敌方成为消灭对手保存自己的先决条件。最初的狙击战，先敌发现主要靠狙击手良好的素质和机敏的感觉，主要依靠自身的眼、耳甚至用鼻嗅出敌人的位置。而现代条件下，科技已经可以提供更加敏锐的战场感知能力。各国军方近年来都在硬件方面投入大量精力，借助先进的声、光、电技术开发出型号多样、原理各异的"反狙击手探测系统"，从技术层次上提高了防御狙击手袭击的能力。不过，现有的狙击手探测系统，实际上是人耳、人眼的延续扩展。这些器材能为狙击手提供较大的帮助，同时也有各自的局限。到目前为止，狙击手娴熟的技巧和良好的心理素质仍是其他任何器材所不能取代的。

### 7.3.1 | 声波狙击手探测系统

最早投入使用的反狙击手探测系统是声波探测仪，这种装置包括一系列高精度音响传感器，通过感应及比对由多个分散布置的麦克风接收到枪口音爆的时间差异，再结合多点定位原理，即可精确计算出射击位置、子弹轨迹乃至枪械口径。由于原理简单、成本低廉，声波探测仪被公认为是性价比最好的反狙击手探测系统。

步枪在发射瞬间可以产生两种冲击波，一种是发射弹药产生的推进气体冲出枪口时产生的冲击波；另一种是弹丸脱离枪口时在较短距离内的超音速冲击波。通过比较两种冲击波到达的方向、时间和相位关系，就可以精确地探测到对方的发射位置。如果距离较远，则需要考虑枪弹的弹道和冲击波参数，例如通过冲击波产生的压力和周期可以判断枪弹的型号。

声波狙击手探测是一种被动探测方式，发现对方时，对方的弹丸很可能已经命中了己方目标。不过，这种方式相当隐蔽，几乎是不露声色就可以感知战场情况。这种方式也有弱点：一是当距离较远时，精度明显变差；二是建筑物等对声波的反射可能会影响探测结果（狙击手选择阵地时，就有利用地形地物改变或隐蔽发射特征的要求）；三是需要多个声波阵列天线（即声波传感器）相互连接，并通过中控系统的计算才能得出结果，系统相对比较复杂，不易单兵操作。

目前，美国、法国、加拿大和以色列等国都研制出了声波狙击手探测系统。美国研制的声波狙击手探测系统包括雷神公司的"回旋镖"声探测系统、AAI 公司的 PDCue 射弹探测和定位系统、通用动力公司的子弹探测指示系统、阿连特技术系统公司的"安全"探测定位系统、科学应用公司的"哨兵"反狙击手定位系统等。其中，"回旋镖"声探测系统由三部分构成：① 声传感器阵列。阵列直径为 1 米，由 7 个"麦克风"构成，安装在车尾桅杆的顶部，每个麦克风与桅杆顶端的轴毂相连；② 信号处理单元。包括英特尔赛扬 650 兆处理器、PC-100 模 / 数转换插板、电源系统、音频功率放大模块、定制模拟到达时间差插件板。其采用 24V 车载直流电源，位于车辆后部的乘员座位下。PC-100 转换插板上的闪存卡可存储 100 个射击数据文件，并可将其导出用于后续的分析和处理；③ 用户界面。由显示器、扬声器、全球定位系统等部分组成，安装在车辆的仪表盘上。告警装置采用 16 个红色发光二极管，以罗盘样式指示开火方位，也可通过扬声器发出声音警报。此外，通过磁铁吸附方式，在车顶还安装有公共无线局域网信号增益天线，可实时传输数据。

"回旋镖"声探测系统

　　法国米特拉维公司研制的"皮勒尔"反狙击手声探测系统，可在噪声较大的环境下，全天候实时观测、记录子弹的飞行弹道，准确探测、定位、分类和报告小口径枪支的开火位置。"皮勒尔"系统有陆基、车载和船载等多种型号。该系统由 3 个主要部分组成：1～2 个便携式声探测阵列天线、数据界面采集模块和军用加固计算机。声探测阵列天线是一种安装有 4 个"麦克风"探测器的遥控三角架，第二个声阵列天线安置在距第一个声阵列天线 50～400 米处，利用三脚测量法测定狙击手的位置；数据界面采集模块可实时处理声探测器输出的信号；军用加固计算机用于管理整个系统，安装有可视化输出软件。此外，"皮勒尔"通用观测转塔接入显示装置，可提供开火位置的真实图像或录像。

　　"皮勒尔"系统为全被动式，最远可探测到 1500 米处的开火位置，声阵列天线可探测到 200 米内飞过的子弹。该系统可以探测出要装有消音器的 5.45～20 毫米口径的武器以单发、连发方式射出的亚声速或超声速子弹，系统反应时间 1.5 秒。"皮勒尔"系统的方位定位精度，在静止状态时为 ±2 度，车载运动状态中为 ±5 度；俯仰定位精度为 ±5 度。"皮勒尔"系统对军用计算机配置的要求不高，系统能够在城市、森林、山区以及沙漠地带全天候工作，工作温度为 −40℃～ 50℃。

"皮勒尔"反狙击手声探测系统

加拿大国防部研究中心、加拿大防务研究和发展局以及麦克唐纳·迪特维利公司共同开发了一种名为"雪貂"的小型武器探测和定位系统，该系统能够探测小型武器射击时所产生的声音并提供射弹的方向、时程、仰角、弹道和口径。它有两种型号，"雪貂"V为车载型，"雪貂"S则固定在三脚架上。系统带有音频告警装置，在车辆遭到小型武器攻击时能向车辆成员告警并判定枪弹误差距离。该系统储存了世界上大多数小型武器的射击参数，以便对射击进行分析和核查，而且不受各种军事和非军事声响的影响，如直升机噪声和榴弹发射器射击的噪声。

## 7.3.2 | 红外狙击手探测系统

红外探测器是另一种较为常见的装备。红外狙击手探测系统通过探测枪口闪光和飞行弹丸的红外信号，确定敌方狙击手的位置。红外探测器可以探测子弹出膛时的闪光，发现1000米距离、视线不被阻断的目标。由于飞行的弹丸比周围空气的温度高，红外探测器可在几千米外探测到弹丸的热特征，通过弹丸的飞行弹道，回溯发现狙击手的位置。在波长为3～5微米的中红外波段内，探测效果尤为明显。此系统能在狙击手射程2～3倍的距离外有效感知其存在，具有相当的安全性，其装置使用方便可以制成单兵装备。红外狙击手探测系统的弱点是视角容易受地形地物影响，且必须靠近前沿设置。

美国马里兰高级开发实验室研制的"蝰蛇"反狙击手探测系统由红外摄像机、计算机、步枪上安装的惯性传感器及显示器组成。"蝰蛇"系统采用凝视型中红外焦平面阵列探测器来探测枪口闪光，可在狙击手开枪后70毫秒内探测到目标，方位、水平定位精度误差均小于0.2度。该系统的红外摄像机不必瞄准或靠近狙击手，只需视线能够观测到目标即可。

即使视线中间存在小型障碍物（如灌木丛），"蝰蛇"系统仍然能够在狙击手的有效打击距离外探测到信息，探测概率超过95%，可用于探测5.66毫米、7.62毫米和12.7毫米口径的步枪。虚警率受探测背景和天气条件影响较大。虽然"蝰蛇"系统能够非常准确地提供狙击手方位，但是不能可靠地确定距离。由于各种弹药的红外辐射强度不同，再加上大气因素的影响，"蝰蛇"系统很难利用亮度判定狙击手的距离。虽然也可以立体布置 2 个红外探测器，利用三角测量法来判定狙击手距离，但是需要精心布放，而且红外探测器的成本较高，高于增加一套声探测器系统。

## 7.3.3 | 激光狙击手探测系统

激光反狙击手探测系统利用的是"猫眼"效应。猫眼能在黑暗中发光，是由于猫的视网膜比身体其他部位的反射能力强。同样，狙击手的瞄准镜也比周围背景的反射能力强。当不可见光波段的激光束照射到瞄准镜表面时，就会产生狙击手不易察觉而激光探测系统能够察觉到的较强反光，从而发现狙击手的位置。这个原理不仅可以发现对方光学器材，还可以同时测得目标的精确距离（与激光测距机原理类同）。可以将确定的对方位置叠加到场景屏幕上，并显示出对方、己方的战场位置关系。

不同于声探测系统和红外探测系统，激光探测系统是一种主动系统，可以主动搜索对方，不必等待对方扣动扳机产生的发射特征，因而有可能在狙击手开枪之前就找出他们的位置。主动探测装置可以设置在对方有效射程以外。该方式也有弱点，主动的激光扫描，也意味着很容易被对方发现，尽管设置于对方有效射程外，但也意味着为对方诸如迫击炮等火器提供了目标。

俄罗斯努杰利曼精密机器制造设计局开发的便携式自动光电对抗系统不仅能够独立完成探测任务，还能在识别目标后换用高能激光直接对狙击手实施"致盲"攻击，令敌军的光学仪器或狙击手长时间丧失战斗力。

法国激光工业公司研制的狙击手探测系统是一种典型的激光探测系统。该系统由三部分组成：① 光学传感器部分。整套传感器被安置在一个坚固的矩形铁盒内，铁盒一侧开有两个玻璃窗口。广角编码激光束发射装置通过其中一个窗口，发射编码扫描激光束；高技术激光接收装置———一种内带微光放大装置的特殊数码相机，通过另一个窗口拍摄可见光图像和接收反射回来的激光信号；② 转塔部分。位于传感器以下，用于带动光学传感器对怀疑区域进行水平和俯仰扫描；③ 遥控单元。由军用加固计算机和控制手柄组成，主要用于处理显示传感器传来的图像。若有异常，该系统将在 0.1 秒内启动警报，并在监视器上显示异常的位置和图像。操纵人员可以通过控制手柄放大观察可疑区域，以进一步确认是否存在问题。探测距离白天 1000 米，夜间 4000 米（雾天除外）。该系统除了可以探测到隐蔽在伪装网后或者加装有蜂窝板的狙击步枪瞄准镜，还能探测到夜视镜、测距仪、望远镜等其他光学部件。

法国激光工业公司研制的狙击手探测系统

## 7.3.4 | 微型无人机探测系统

除上述反狙击手探测系统外，还有利用多个低空微型无人机（与建筑物同高）通过高空小型无人机中继的探测系统。其信息采集原理多是综合利用声波探测、红外探测和激光探测原理。微型无人机探测系统多用于城市环境。

城市被认为是对空中打击最富有挑战性的地区，因为在这些地方人员和车辆可以快速移动并迅速隐蔽，因此很难跟踪这些目标。同时作战人员离平民很近，极有可能产生附带伤害。如伊拉克战争期间，反美武装人员故意分散在平民周围开展行动。因此，美军提出了未来在拥挤的城市地区对目标进行精确打击的新概念，"城市狙击手"系统就是其中的一部分。

"城市狙击手"系统由被称为"隐蔽发射子系统"的空中吊舱、"哨兵"微型无人机和"统治者"小型无人机三个子系统组成。其中，隐蔽发射子系统将用于部署几架"哨兵"微型无人机，以美国陆军正在开发的建制无人机或微型无人机为基型。"统治者"无人机配备了小型精确制导弹药。"城市狙击手"系统使用时，几架装有传感器的"哨兵"无人机被部署在城市高大建筑物的边缘，更大型的长航时"统治者"无人机在城市上空徘徊，接收"哨兵"无人机传递的信号，对出现的敌军车辆和单兵发射小型精确制导弹药，以迅速打击目标并最大限度地减少附带伤害。

"统治者"无人机在高空飞行

## 7.4 狙击手的反制措施

　　毫无疑问，反狙击装备的普及令狙击战术面临严峻挑战。但站在狙击手的立场上看，作为进攻一方，仍可能从这些系统的固有缺陷入手，发展出相应对抗手段。如果说，反狙击一方是靠先进技术装备来助战的话，狙击手除了一支精准的狙击步枪外，更多的是靠自己过硬的战术素养。

　　首先是加强干扰，争取乱中取胜。考虑到声波、红外探测系统无法快速区分狙击步枪和其他火器发射特征的弱点，狙击手可选择于双方激烈交火时行动，将自身隐藏于己方众多火器之中，增大对手判断难度，并与其他战斗人员互相掩护，将踪迹隐没于友军正规行动中，以便达成进攻的隐蔽性和有效性。在面对激光探测时，则应事先广泛收集各种玻璃制品，并将其大量散布于作战地段，力争延长对方甄别时间，从而为真正的狙击行动创造战机。

　　其次是在阵地选择上多下功夫。由于时下服役的多数反狙击装备实际上并不能做到精确定位，也就无法达成对目标"发现即摧毁"的理想效果。针对这一点，狙击手应有意挑选处于敌方步兵武器射程外，并便于在短时间内脱离接触的位置设伏，并事先选择好撤退路线，一击之后立即撤退以降低被发现的概率。在条件允许的情况下，还可尝试使用"车轮战术"，利用多个狙击小组在不同的地点、方向和时间实施无规律攻击，令对方顾此失彼。

　　总体来说，反狙击手探测技术的进步，的确在一定程度上缓解了狙击战威胁，但不太可能就此宣告狙击作战的死刑。正所谓"道高一尺，魔高一丈"，狙击与反狙击在相互斗争不休的同时，也潜移默化地促进着彼此的发展。

狙击手潜伏在干草丛中等待目标

狙击手正在瞄准目标

隐藏在岩石后方的狙击手

身穿吉利服在森林中作战的狙击手

# 7.5 | 反狙击经典战例解析

在全球近二十年里爆发的战争中，狙击和反狙击对抗最为激烈的莫过于第二次车臣战争。在第一次车臣战争中，车臣非法武装以狙击手段给进入格洛兹尼的俄军以重大杀伤。第二次车臣战争中，狙击这一长期行之有效的战术，仍然给俄军造成很大伤亡。不过，这一次俄军注意研究非法武装的狙击行动特点，不断改进反狙击战术，加强参战部队的反狙击训练，很快由被动转为主动，赢得了围剿作战的胜利。

## 车臣非法武装的狙击战

车臣非法武装利用对地形环境熟悉、武器装备轻便、便于隐蔽机动等优势，在城市、山地等防御战斗中广泛开展狙击战，并表现出以下几个主要特点。

一是装备先进，技术过硬。多年来，车臣非法武装通过各种渠道，购买了大量的俄、美制造的先进武器装备，其中俄制装备有装有激光瞄准具的 V-94 狙击步枪、AK 系列突击步枪和 RPG-18 火箭筒等，美制的 M16 突击步枪、自动榴弹发射器、反坦克导弹、"毒刺"单兵防空导弹等武器。这些武器射击精度高，射击距离远，重量轻，效能大，是开展狙击行动的理想武器。

与此同时，他们还通过极端组织介绍，从非洲、中东、东南亚等近十个国家招募了数千人的雇佣军。这些雇佣军技术过硬，战术灵活，战斗力很强。车臣非法武装通过这些雇佣军，培养了大批狙击手。

二是战法灵活，变化多端。车臣非法武装通常采取"不设防的防御"和"打了就跑"的战术，行动神出鬼没。在山地防御战斗中，狙击手通常隐蔽在对方难以发现的有利地形上，以突然准确的火力杀伤进攻的俄军，控制要点、山口和隘路。在城市防御战斗中，他们利用楼层、街道和地下设施，构成了立体的狙击网，而且还常常利用学校、医院等公用设施作为狙击阵地。狙击人员在每一个射击位置上，通常打上几枪就跑。

　　为了有效地射杀俄军，一些狙击手专打车辆轮胎、发动机和油箱，逼迫人员暴露在车外，然后再扩大狙击效果；或者将一些伤员、尸体或装备丢弃在阵地前、路口、城区内的地铁和地下设施等便于狙击的地方，杀伤前来搬运或救护的俄军人员。当俄军实施搜剿时，一些狙击手又摇身一变，戴上"红十字"臂章或伪装成当地居民。俄军走后，他们又拿起武器从背后射杀对方。有的非法武装分子还装扮成当地居民，在复杂的城区或其他地形上充当向导，将俄军引到狙击地区。

　　三是作战单位小，战斗效能大。车臣非法武装通常将三五人编为一个狙击小组，一个或几个小组占领一幢建筑物，负责控制一个较大的地区。小组内的人员有观察、射击等具体的分工，行动时可互通情报，互相掩护和支援。在战争中，许多俄军指挥员、无线电报话员等重要人物成为车臣非法武装狙击手的靶子。

第二次车臣战争中的俄军狙击手

## 俄罗斯军队的反狙击战

第二次车臣战争中，俄军针对非法武装的狙击活动，充分发挥自己武器装备的优势，以灵活多样的战法，反制其狙击行动，限制其优势的发挥，从而有效地扼制了对方，减少了己方人员伤亡，取得了明显的战果。

一是实施远战战术，尽可能地避免与敌近战。第一次车臣战争中，俄军进攻部队在猛烈的火力支援下，比较轻松地突入了格洛兹尼市区，但进入后很快遭到四面八方冷枪冷炮的攻击。此时，俄军的坦克、步兵战车等重型装备没有用武之地。而非法武装的狙击手们则可以随心所欲地从楼顶、各楼层的窗户、地下设施等不同角度和方向准确地打击俄军的坦克和步兵战车。第二次车臣战争中，俄军吸取了这一教训，在进攻格洛兹尼市时，首先以空军对市区进行轰炸，然后用部分地面先头部队向城市发起试探性攻击，当遇到对方阻击时，则迅速撤回，再集中火炮、武装直升机、轰炸机等远程火力对非法武装实施猛烈突击，从而较好地避免了与非法武装发生近距离的大面积巷战，减少了人员伤亡。

俄军步兵战车在格洛兹尼市区行驶

俄军坦克正在开火

　　二是以灵活的近战战术，突然贴近和打击狙击之敌。俄军在城市进攻战斗中，为了避开非法武装狙击火力，隐蔽、快速、安全地接近目标，通常采用科学部署、隐蔽伪装、突然打击等战法，有效地反制了非法武装的狙击行动。俄军在对格洛兹尼市区发起攻击的战斗中，首先以格洛兹尼市市长甘塔米罗夫领导的车臣民兵作为第一梯队，随后是具有特殊作战经验的俄罗斯内务部队。车臣民兵对市区的地形非常熟悉，了解非法武装的行动特点，他们边推进，边查明敌情，并及时呼唤支援火力打击非法武装。内务部队战术灵活，战斗力强，可以及时增援车臣民兵，围歼非法武装。

　　战斗中，各分队通常编成若干个3人战斗小组，每个小组分别由狙击步枪手、冲锋枪手和火箭筒手组成，小组内的每一个成员都有具体的任务分工。攻击发起时，战斗小组首先使用发烟罐施放烟幕干扰非法武装分子，使其无法实施精确射击，然后利用烟幕掩护迅速接近目标；当发现非法武装狙击手或其他目标时，小组各成员互相支援、交替掩护，并迅速消灭目标。为了支援和掩护攻击分队接敌，打击非法武装的狙击手，俄军还将狙击步枪、机枪和迫击炮及观察器材等兵力兵器部署在已占领的楼房内和楼顶上，及时发现和射击藏匿在对面楼房里的敌方狙击手。正确的近战战法，有效地减少了俄军进攻部队的人员伤亡。

　　三是边打边剿，不给非法武装的狙击手活动空间。俄军在城市进攻战斗中，坚持"一步一个脚印前进"的方法，边打边剿，前打后剿，一个房间、一座楼房、一条街道地全面清理，不漏掉一个非法武装分子，不给非法武装狙击手活动的空间。在搜剿行动中，他们通常以冲锋枪、榴弹发射器和喷火器逐屋逐屋地清剿，尤其是使用喷火器，将非法武装分子从楼房中驱逐出来，然后再使用步枪和机枪击杀。针对车臣非法武装分子行动狡猾、变化多端的特点，俄军在搜剿中遇到可疑人员时，会让他们脱下上衣，检查其肩膀上是否有武器后坐力留下的痕迹、手指上是否有手榴弹导火索喷射的印迹、衣服上是否有火药味等。

正在搜剿敌人的俄军步兵

　　四是敌后破袭，把紧张推向敌方。第二次车臣战争中，俄军在组织主力部队进行正面攻击的同时，还投入特种部队，在非法武装心脏和纵深开展袭击、破坏活动，把紧张和压力推向敌人。特种作战部队的成员个个身怀绝技，他们都是狙击手、爆破手，会使用各种通信工具，擅长破袭作战和执行侦察任务。他们以小编组的形式，利用夜暗、浓雾或通过各种佯动欺骗手段，从地面、空中，多路、多方向、多波次地渗透到非法武装的指挥机构、营地和弹药、油料仓库等重要地区，甚至前沿阵地，摧毁或破坏重要目标，引导纵深火力打击非法武装。

作战中的俄罗斯特种部队

作战中的俄罗斯海军步兵

　　五是运用先进的反狙击手段，加强反狙击训练。第二次车臣战争开始不久，俄罗斯国防部就及时作出决定，为作战部队装备新型狙击步枪，并配备先进的战场侦察器材。同时，还加强了单兵防护措施，配发了新型防弹背心。这种防弹背心不仅能够防炮弹破片杀伤，而且能够防手枪、步枪子弹，对威力较大的狙击步枪子弹也有一定的防护作用。与此同时，参战各部队广泛开展了反狙击战训练。不少部队聘请了一些射击运动员传授射击经验，帮助士兵熟练掌握狙击技术，并研究反狙击战法，反复进行反狙击演练。一些部队还在坦克排、机械化步兵排等分队中专门编配了反狙击手，以便在战斗中及时对付敌狙击手，掩护坦克、步战车等主要装备的安全，提高部队的反狙击作战能力。

设在格洛兹尼郊区的俄军指挥部

## 第二次车臣战争中的反狙击作战经验

　　俄军在第二次车臣战争中的经验表明：在高技术条件下的战场上，一些传统的作战方式和战法仍有用武之地。由于作战对象、作战手段的不对称以及作战地区的地形环境限制和政治等多种原因，一些传统的作战方式和手段不仅仍将发挥重要作用，而且还会使拥有高技术武器装备的对方难以对付。

因此，在现代战争条件下，仍然要重视加强对一些传统作战方式和战法的研究，尤其应加强对付城市和山地的游击战、伏击战、狙击战等行动的研究和训练，提高部队的全面作战能力。

一是要提高指挥官敏锐的战场洞察力和应变力。有军事家说过，任何时候、任何地点都不会发生重复的战争。也就是说，战争从来没有固定的模式。由于武器装备的不断发展变化，战争理论的不断进步，每次战争都会出现一些新的作战方式和作战方法。因此，战场指挥官必须具有很强的洞察力和应变力，加强战场观察和分析，及时掌握对方新的作战手段和方法，并有针对性地采取应变对策。两次车臣战争中，俄军都遭到了非法武装的狙击战，但出现了两种不同结果，其关键因素就在于指挥官的观察力和应变力的强弱。

二是要加强高、低技术结合运用的研究和训练。车臣战争的敌对双方在狙击战与反狙击战中，都使用了一些高技术武器，同时，一些低技术武器也发挥了重要作用。高、低技术的武器装备在一场战争中同时使用，两者有机结合，对于提高部队的战斗能力关系重大。俄军在两次车臣战争中，使用高、低技术武器装备的方法不同，导致结果的不同就充分证明了这一点。无论科学技术如何发展，未来战争中，高、低技术结合的情况仍将存在。因此，应注意研究正确运用高、低技术结合的方法，使高、低技术的武器装备能够取长补短，并加强高、低技术的改造，使其能够相互适应。同时，还要重视人与技术的结合，加强训练，提高操作人员熟练掌握武器装备的技能。只有这样，才能充分发挥各种武器装备的最大效能。

在战斗中负伤的俄军步兵

# 参 考 文 献

[1] 陈寒. 世界狙击手全传——精确与生命的绝地反击 [M]. 南京：凤凰出版社，2010.

[2] 叶冠. 狙击手：世界著名狙击手全记录 [M]. 哈尔滨：哈尔滨出版社，2013.

[3] 丹米尔斯. 世界顶级狙击手 [M]. 长春：时代文艺出版社，2015.

[4] 军情视点. 神枪手锻造实录：狙击手培训手册 [M]. 北京：化学工业出版社，2014.

[5] 克里斯·马丁. 杀器——现代美国狙击手 [M]. 上海：上海文艺出版社，2017.